はじめに

　やがて、Artificial Intelligence＝AI（人工知能）が人間の仕事の半分を代替する時代が来ると言われています。AIの発達に伴って、語学の学習も必要なくなると言われています。確かに、その通りでしょうが、AIにも苦手なものがあります。それは人間関係の構築です。人間関係の構築が国境を越えれば、異文化交流となります。そのときに必要不可欠なものが言語というツールです。

　世界共通語である英語ができれば、ネット上の英語のサイトから音楽やスポーツをはじめ様々な情報を収集したり、海外の人とメールのやりとりをしたり、洋画を字幕なしで見たり、海外に出かけたりすることが可能となり、学生の皆さんの異文化交流の活動は、無限に広がるでしょう。

　しかしその一方で、英語は好きだけど英語力が定着していない学生や、苦手にもかかわらず勉強をしたがっている学生が多いのも事実です。筆者は、現にそうしたことをかつ学生と多く接したり、それに近い学生を多く見たりしています。そうした学生にとって、程度の差こそあれ、英語を聴いたり、話したり、読んだり、書いたりのどれをするにも、英語は母語ではないのですから、英文法が《絶対必要》です。それは、英文法が英語を使いこなすための「トリセツ」だからです。では、英文法の習得とは、どういうことなのでしょうか？　問題があって、その解答を丸暗記すればよいのでしょうか。そうではありません。英文法の習得とは、英文のルールを理解し使いこなすことです。しかし、「説明を聴くだけ」といった受け身の講義では、英文法は習得できません。

　そこで、本書は、文法事項を中心とした確認問題や練習問題を学生の皆さんに課すことによって、英文のルールとしてUnit 1～Unit 13までは、一つの英文には主語と動詞が一つずつしか入ってはいけないということだけを身につけるように、またUnit 14～Unit 24では、そのルールに対する例外として、一つの英文に主語と動詞が2つ以上入る仕組みだけを理解させるようにしました。ですから、本書は、文法の説明においては、かなり乱暴な単純化をした個所も多々ありますし、ましてや複雑な文法項目には対応しておりません。本書の不足している部分は、先生方のご教授のうまさと学生の皆さんの熱意とでカバーしていただければ幸いに存じます。また、筆者は、本書が先生方と学生の皆さんとの人間関係の構築のきっかけとなることを願ってやみません。

　　　　　　　　　　　　　　　　　　　　　　　　　　　　　　　　　筆　者

Contents

Unit 1	■ 名詞と冠詞 ……………………………… 4
Unit 2	■ 英文のルールと品詞 ………………… 8
Unit 3	■ そんな時、V（動詞）の前に前置詞が… 12
Unit 4	■ 三単現の S ……………………………… 16
Unit 5	■ -es をつける場合 …………………… 20
Unit 6	■ 動詞の過去形と過去分詞 …………… 24
Unit 7	■ V（動詞）が 2 語以上 ………………… 28
Unit 8	■ 現在完了 ……………………………… 32
Unit 9	■ 進行形 ………………………………… 36
Unit 10	■ 未来形 ………………………………… 40
Unit 11	■ 疑問文の作り方 ……………………… 44
Unit 12	■ 疑問詞を使った疑問文 ……………… 48
Unit 13	■ 否定文の作り方 ……………………… 52
Unit 14	■ 間接疑問文 …………………………… 56

Unit 15	■ 接続詞………………………………………	60
Unit 16	■ 名詞と代名詞…………………………………	64
Unit 17	■ 関係代名詞……………………………………	68
Unit 18	■ 関係副詞………………………………………	72
Unit 19	■ 文の主要素 S, V, O, C………………	76
Unit 20	■ 英語の文型……………………………………	80
Unit 21	■ 受動態…………………………………………	84
Unit 22	■ 2つの英文と準動詞…………………………	88
Unit 23	■ 不定詞…………………………………………	92
Unit 24	■ 形容詞用法のing形・過去分詞 ……	96

Unit 1 名詞と冠詞

数えられる名詞と数えられない名詞

人やものなどをそれぞれ区別するために、人やものにつけた名前は、別名、**名詞**と呼ばれます。英語の場合、名詞は必ず**数えられる名詞**か**数えられない名詞**として使います。数えられる名詞には**単数形**と**複数形**という２つの形があり、たいていの複数形は、bird ➡ birds のように、単数形に -s をつけて作ることができるのですが、**-s** / s /, **-x** / ks /, **-sh** / ʃ /, **-ch** / tʃ /, **-ge** / dʒ / などで終わる名詞は、次のように**語尾に -es をつけて**複数形を作ります。

ga**s**（気体）➡ gas**es**　　　pea**ch**（桃）➡ pea**ches**

また、次の❶〜❸のようなつづりで終わる名詞の複数形の作り方も覚えましょう。

❶〈子音字*+y〉➤ -y を -i に変えて -es をつける。

　ba**by**（赤ちゃん）➡ ba**bies**

❷〈子音字 +o〉➤ 単語に応じて、語尾に -es か -s をつける。

　potato（ジャガイモ）➡ potato**es**　　memo（メモ）➡ memo**s**

❸〈-f(e)〉➤ 単語に応じて、-s をつけるか、-f(e) を -ves に変える。

　chief（チーフ）➡ chief**s**　　　leaf（葉）➡ lea**ves**

*母音は a, i, u, e, o で表記され、子音はそれ以外の文字で表記されます。

Check! I (確認問題)

CD 02　DL 02

Unit 1　名詞と冠詞

例にならって、次の 1～5 の日本文の意味を表すように下記の 📋 語群 のなかから適語を選び、必要があれば適切な形にして、英文の（　）に補いなさい。また、補った名詞が**数えられる名詞**か**数えられない名詞**かを答えなさい。

《例》彼女は家畜小屋に飼料を運ぶ。
　　＝ She carries (feed) to the barn.　　　　　　　　　（ 数えられない ）名詞

1. 私は葉っぱを掃いて集めた。
　　＝ I swept (　　　) together.　　　　　　　　　　　　（　　　　　）名詞

2. そのニュースによると、その UFO はどこからともなく来たそうだ。
　　＝ The (　　　) says the UFO came out of nowhere.　（　　　　　）名詞

3. 他のすべての鳥のように、ペンギンにも羽毛がある。
　　＝ Like all other birds, penguins have (　　　).　　　（　　　　　）名詞

4. その企業は、そのプロジェクトへの献金を打ち切った。
　　＝ The (　　　) axed donations to the project.　　　　（　　　　　）名詞

5. 今年の冬はとてもたくさんの雪が降った。
　　＝ So much (　　　) fell this winter.　　　　　　　　（　　　　　）名詞

> 📋 語群　enterprise,　feather,　leaf,　news,　snow

■ 数えられる名詞と a(n) や the の使い方

形　態	意　味		例	日本語訳例
a(n) 名詞（N）	N（というもの）	総称	a dog	犬（というもの）
	（とある一つの）N	不特定		（とある一匹の）犬
複数形の名詞（N）	N（というもの）	総称	dogs	犬（というもの）
the 名詞（N）	N（というもの）	総称	the dog	犬（というもの）
	その N	特定化		その犬
the 複数形の名詞（N）	それらの N（すべて）	特定化	the dogs	それらの犬すべて

数えられる名詞は、どの冠詞や冠詞相当語（＝代名詞の所有格など）を使うか使わないかで、「どれのことを言っているのか分かる」という意味で、**特定化**されたり、されなかったり、また、その名詞のグループの代表を表す**総称**として使われたりします。

■ 数えられない名詞と the の使い方

形　態	意　味	例	日本語訳例
名詞 (N)	N（というもの）	総称	ice	氷（というもの）
the 名詞 (N)	その N	特定化	the ice	その氷

数えられない名詞は、the や冠詞相当語がつくと必ず**特定化**されます。

Check! II （確認問題） CD 03　DL 03

次の1～5の日本文の意味を表すように、[　]内の単語を必要があれば適切な形に変え、英文の（　）内に補いなさい。

1. この部屋には大きな窓が3枚ある。
　= This room has three large (　　　). 　　　[window]

2. うるう年には2月は29日ある。
　= During a leap year February has 29 (　　　). 　[day]

3. 彼女は居場所を探している。
　= She is looking for (　　　) to belong. 　　[place]

4. 彼は賃貸物件としてマンションを数軒所有している。
　= He owns some (　　　) as rentals. 　　　[condo]

5. バス停に立っている男性はジョンです。
　= The (　　　) standing in the depot is John. 　[man]

■ 名詞と some や any の使い方

some や any もよく名詞と一緒に使います。「どんな…（で）も」という意味の時以外は、数えられる名詞は**複数形**にして、数えられない名詞は**単数形**にして使います。

形　態	意　味	例
some 名詞 (N)	（いくつかの）N	I have **some** pets.
	…する N もある〔いる〕	**Some** pets are small.
any 名詞 (N)	（いくらかの）N	Do you have **any** pets?
	一つの N も（…ない）	I don't have **any** pets.
	どんな N でも	**Any** pet is OK.
	どんな N も（…ない）	I don't have **any** pet.

Exercises （練習問題）

I 次の1～6の単数形と複数形が正しく対応していない組を下記のa～dのなかから記号に○印をつけて1つ選びなさい。

1. a. orange — oranges　　b. wife — wifes
   c. leaf — leaves　　　　d. datum — data

2. a. phone — phones　　　b. chef — chefs
   c. monkey — monkeys　　d. mouse — mouses

3. a. lady — ladys　　　　b. ox — oxen
   c. foot — feet　　　　　d. food — foods

4. a. sheep — sheep　　　　b. can — cans
   c. woman — womans　　　d. cliff — cliffs

5. a. bacterium — bacteria　b. box — boxes
   c. tomato — tomatoes　　d. photo — photoes

II 次の英文を読んで、下記のペアワークやグループワークに取り組みましょう。

I like English because I feel like a different person when I am speaking it. And although it is difficult to speak well, I enjoy the challenge. Someday I hope to reach the level where[1] I can even dream in English.

Notes　1. the level where SV 「Sが…するレベル」

Pair/Group Work

ペアまたはグループになって質問をしたり、答えたりしましょう。

1. Do you speak a language other than your mother tongue? If yes, which one?
2. In how many languages can you write the following words?
   　　　hello　　thanks　　goodbye
3. Do you know the difference between British English and American English?

Unit 2 英文のルールと品詞

英文のルール（＝大原則）

英文を日本語に直したとき、「…が（…は）」という部分の中心になる名詞・代名詞が **S(主語)** で、「…する」や「…である」や「…しい」という部分の中心になるのが **V(動詞)** です。例えば、

The store carries used DVDs. 〔その店は｜中古の DVD を 扱っている〕
　S　　V　　　　　　　　　　　　　　　主語　　　　　　　　　　　動詞

It is a cutting board. 〔それは｜まな板 である〕
S V　　　　　　　　　　　　主語　　　　　動詞

です。S（主語）とV（動詞）がそろえば、英文の**骨組み**（＝一番大切なところ）ができあがるのですが、これを違う観点から捉えなおすと、

❶ 1つの英文には、**S(主語)とV(動詞)が1つずつしか入ってはいけない**
❷ **S(主語)は99％動詞の前**にある

と言えます。そして、この❶と❷を**英文のルール**（＝大原則）と呼ぶことにします。

Check! I （確認問題） CD 05　DL 05

例にならって、〔　〕内の日本語を英語に直し、1～4の英文の（　）に英語を1語ずつ補ったあと、その英文を日本語に直しなさい。

《例》 Our (　　) (　　) best in the spring. 〔本学は景色がよい〕
　《英語》　Our university looks best in the spring.
　《日本語》　本学は春、景色が一番よい。

1. (　　) (　　) on a full stomach. 〔彼は走った〕
　《英語》
　《日本語》

2. (　　) (　　) back home together. 〔彼らは歩いた〕
　《英語》
　《日本語》

3. (　　) already (　　) my assignment. 〔私はした〕
　《英語》
　《日本語》

4. (　　) (　　) the newly married couple. 〔あなたは見た〕
　《英語》
　《日本語》

＊ 英文も日本文も、主語と述語で文章が作られますが、SV（＝主語＋動詞）と考えた方が、『英和辞典』を引くときに『英和辞典』の文型表記を理解しやすく便利なので、本テキストでは、述語のことをV（動詞）と言います。

■ 残りの1％の《V（動詞）＋S（主語）》のとき

英語では、S（主語）はほとんどV（動詞）よりも前にあります。しかし、S（主語）がV（動詞）の後にある英語の例として、少なくとも、次の4つは覚えましょう。

- **There** *are* lots of horses on the farm.
  〔その農場には馬がたくさんいる〕
- **Here** *is* a menu.
  〔メニューでございます〕
- **There** *goes* my youth!
  〔ああ、年は取りたくないね〕
- **Here** *comes* Luke!
  〔ほら、ルークが来るよ〕

Check! II （確認問題）

例にならって、〔　〕内の日本語を参考にして、次の1～4の英文の（　）に英語を1語ずつ補ったあと、その英文を日本語に直しなさい。

《例》 There (　　) lots of (　　) on the farm. 〔馬がいる〕

《英語》　There are lots of horses on the farm.

《日本語》　その農場には馬がたくさんいる。

1. There (　　) no (　　) in my home. 〔食べ物がない〕

《英語》

《日本語》

2. Here (　　) the (　　) I promised you. 〔ブルーレイディスクです〕

《英語》

《日本語》

3. There (　　) the (　　)! 〔汽車が出る〕

《英語》

《日本語》

4. Here (　　) the (　　)! 〔花嫁が来る〕

《英語》

《日本語》

■ **英文を日本語に直す順番**

英語の苦手なひとは、英文を日本語に直す際、次のように英文のS（主語）（あるいは主部）を最初に、V（動詞）を最後に持って来てから、残った部分をその間にはさんで日本語に直すとよいでしょう。

The store carries used DVDs.
　S　　　V

その店は…を扱っている。　➡　その店は中古のDVDを扱っている。
S（主語）　V（動詞）　　　　　S（主語）　　　　　V（動詞）

Exercises （練習問題）

I 例にならって、次の1～5の英文のS（主語）とV（動詞）を指摘し、日本語に直しなさい。

《例》 <u>She</u> |speaks| a little Spanish.
　　　 S　　　V

　《日本語》　 彼女はスペイン語を少し話します。

1. He is the most interesting professor in our university.

   《日本語》 _____

2. Nancy gets a call from her father on Saturdays.

   《日本語》 _____

3. I listened to the sound of the falling rain.

   《日本語》 _____

4. The big church stands in the north of the city.

   《日本語》 _____

5. We knew nothing about starting a new life abroad.

   《日本語》 _____

II 次の英文を読んで、下記のペアワークやグループワークに取り組みましょう。

> Having friends around can help[1] us have more fun. But just because we do not have any friends does not mean that[2] our life is unhappy. There are still lots of things we can do on our own.[3] I think it is important to know how to have a great time and live a fulfilling[4] life even when[5] we are alone.

Notes 1. help O do「Oが…するのに役立つ」 2. just because SV does not mean that …「Sが～するからと言って…とは限らない」 3. on *one's* own「ひとりで」 4. fulfilling「満足の行く」 5. even when SV「Sが…するときでさえ」

Pair/Group Work

ペアまたはグループになって質問をしたり、答えたりしましょう。

1. Do you have many friends?
2. I wonder if you recently became friends with someone you had never spoken to before?
3. Who is your best friend? What kind of person is he or she?

Unit 3 そんな時、V（動詞）の前に前置詞が…

前置詞とは、《前置詞＋名詞》や《前置詞＋代名詞》という組み合わせで意味のかたまりを作る

　　　　on, at, in, of, to, for, from, with, before, after, like

などのことです。英文のS（主語）とV（動詞）を分析するときに、この前置詞がS（主語）を決定する上で邪魔をするようです。

　前置詞がV（動詞）の前にある場合、《前置詞＋（代）名詞*》という組み合わせを除外して考えて下さい。それは、副詞や形容詞の役割しか担わない《前置詞＋（代）名詞》という組み合わせは、**S(主語)にはなれない**からです（＝さしあたり、S（主語）は（代）名詞でないといけないと考えて下さい）。

　例えば、次の英文のS（主語）とV（動詞）を分析してみましょう。この場合は、動詞の前にある《前置詞＋（代）名詞》という組み合わせ、in the country をはずせばいいのです。そうすると baseball が S（主語）なのが分かるでしょう。

Baseball (in that country) cleaned up its image.

〔その国の野球はイメージを刷新した〕

《前置詞＋（代）名詞》はS（主語）を修飾

Check! I （確認問題）

I 次の単語の中から前置詞の使い方のある単語を選んで、[　]に書き入れなさい。

　　with, much, well, like, kindness, late, in, photo, the, over, beautifully

　　　　[　　]　[　　]　[　　]　[　　]

II 次の1〜4の英文の（　）に適切な前置詞を補ったあと、その英文を日本語に直しなさい。

CD 09　DL 09

1. My brother was born (　　) Tokyo (　　) January 10, 2005.
《日本語》_____

2. There is a fly (　　) the ceiling.
《日本語》_____

3. The difference (　　) these two words is significant.
《日本語》_____

4. The museum is within walking distance (　　) the station.
《日本語》_____

＊ 以下、名詞と代名詞を一括して、（代）名詞と表記しています。

■ V(動詞)を修飾する《前置詞＋(代)名詞》

《前置詞＋（代）名詞》は、動詞や形容詞や他の副詞などを詳しく説明することもできます。例えば、次のように、《前置詞＋（代）名詞》が文頭にあるときは、In the country baseball が前置詞を中心とした意味のかたまりだと考えると、S（主語）となる名詞がいなくなってしまうので、「おかしい…country と baseball は切り離して考えるべきだ！」と思いつくようになり、《前置詞＋（代）名詞》が V（動詞）を修飾しているとすぐ分かるようになるでしょう。

In that country baseball cleaned up its image.
〔その国では、野球はイメージを刷新した〕

《前置詞＋（代）名詞》は V（動詞）を修飾

一方、《前置詞＋（代）名詞》が V（動詞）よりも後ろにあるときは、それが V（動詞）を修飾しているのか、その前にある名詞を修飾しているのか考えましょう。

Baseball cleaned up its image in that country.

《前置詞＋（代）名詞》は V（動詞）を修飾

I listened to the sound of the falling rain.

《前置詞＋（代）名詞》は O（目的語）を修飾

Check! II （確認問題）

例にならって、次の1～4の英文のS（主語）とV（動詞）を指摘し、日本語に直しなさい。

《例》 In that country <u>baseball</u> [cleaned] up its image.
　　　　　　　　　　　　 S　　　　V

　《日本語》　その国では、野球はイメージを刷新した。

1. In the fall typhoons often hit Japan.

　《日本語》 _____

2. For Christmas we bought a present for our mother.

　《日本語》 _____

3. After June 20 or 21, days get shorter.

　《日本語》 _____

4. In the airport passengers are warned[1] against baggage thieves[2].

　《日本語》 _____

> **Notes** 1. warn O against ... 「…について O に警告する」 2. baggage thief 「置き引き」

Exercises (練習問題)

CD 11 DL 11

I 次の1～5の日本文の意味を表すように（ ）内の英語を並び替えなさい。ただし、文頭に来る語の語頭も小文字にしてあります。

1. 月面の黒い斑点は人の顔のように見える。
   (on / the moon / dark / like / patches / look)
   《英語》 _____ a human face.

2. 外国訛りの男性が私に話しかけた。
   (a foreign / talked / with / accent / a man)
   《英語》 _____ to me.

3. アーモンドのような木の実はカリウムが豊富です。
   (nuts / are / almonds / like)
   《英語》 _____ rich in potassium.

4. 鹿児島では、桜島山のザラザラする灰によって通り一面が覆われる。
   (in / covers / Mount Sakurajima / Kagoshima)
   《英語》 _____ streets with gritty ash.

5. 新しいワクチンを見つけることは難しいと分かった。
   (search / a new / proved / vaccine / for)
   《英語》 The _____ elusive.

II 次の英文を読んで、下記のペアワークやグループワークに取り組みましょう。 CD 12 DL 12

> The four seasons in my region are quite distinct so they enable us to[1] appreciate[2] fresh, seasonal foods. In the heart of[3] winter we eat a hot pot dish called *nabemono* that is quite tasty. Imagine it bubbling away right on the dining table when it is cold outside! In the summer shaved ice with syrup is out of this world.[4]

Notes 1. enable O to do「Oが…することを可能にする」 2. appreciate O「Oを味わう」 3. in the heart of O「Oの真っただ中」 4. out of this world「天下一品だ」

Pair/Group Work

ペアまたはグループになって質問をしたり、答えたりしましょう。

1. How many seasons does your region have?
2. Which of the seasons do you like best? Why?
3. What activities can you think of in your favorite season?

Unit 4 三単現の S

活用形と原形

英文のS（主語）とV（動詞）とを分析する際、V（動詞）かなと思える、ある単語が本当にV（動詞）なのか、そうではない準動詞（＝ ing 形・過去分詞・不定詞）なのかを見分けるためには、その語が、**時間の概念を伴っているかどうか**も見ます。現在のことを表すには、現在形、過去のことを表すには、過去形と言った形に変化しているかどうかを見るのです。このようにある単語がV（動詞）だと教えてくれる、**時間の概念を伴っている形（＝活用形）**としては、この講義では、**現在形・過去形・未来形・進行形・現在完了**の5つを覚えれば、まずは十分です。ちなみに、こうした時間の概念を伴わない形は、**原形**と言います。

Group / Time	Simple	Progressive	Perfect	Perfect Progressive
Present	1st form + s/es	am/is/are + 1st form + ing	have/has + 3rd form	have/has been + 1st form + ing
Past	2nd form	was/were + 1st form + ing	had + 3rd form	had been + 1st form + ing
Future	will/shall + 1st form	will be + 1st form + ing	will have + 3rd form	will have been + 1st form + ing

Check! Ⅰ （確認問題）

例にならって、次の1〜10の英語がV（動詞）か準動詞（＝ ing 形・過去分詞・不定詞）かを答えなさい。

《例》 goes ＝ V（動詞）

1. is working
2. to begin
3. eaten
4. wrote
5. burns
6. sung
7. doing
8. teaches
9. to paint
10. has

■ 主語の分類（人称・数）

	単　数	複　数
一人称	I（私）	we（私たち）
二人称	you（あなた）	you（あなたたち）
三人称	he, she, it Tom など無数	they, Mary and Tom など無数

V（動詞）の現在形を作るためには、まずS（主語）になる（代）名詞について、上の表のような**人称・数**の観点から分類ができないといけません。すなわち、I と we は一人称、you は二人称、それ以外は三人称だと…そして、その主語が単数なのか複数なのかという区別をします。

Check! II （確認問題）

S（主語）や主部として使うために、例にならって、次の1〜10の（代）名詞を人称と数の観点から分類しなさい。

《例》 I ＝ 一人称・単数

1. jeans　　2. men　　3. we　　4. they　　5. the hot dog
6. some cats　　7. any car　　8. it　　9. you　　10. water

■ 現在形と《三単現のS》

V（動詞）は、you のようにS（主語）が、前ページの表の三人称と単数という二つの要素を満たさない場合、原形と同じ形が**現在形**として使われます。一方、he のようにS（主語）が上の表の三人称と単数という二つの要素を満たす場合は、**原形の語尾に -s をつけて現在形を作ります**。この -s のことを特に《三単現のs》と呼んでいますが、これはS（主語）が三人称、単数で動詞が現在の意味のときには、-s をつけることを忘れないようにするために、**三**（人称）、**単**（数）、**現**（在形）というふうに頭文字を取って作った工夫です。《三単現のs》を忘れると、文法的にまちがいというわけではありませんが、英文が「……なんてありえない」とか「……しますように」とか違う意味で解釈されてしまいますので、気をつけましょう。

Check! III （確認問題）

例にならって、次の1〜5の英文の下線部分を（　）内の語に替えて全文を書き換えたあと、その英文を日本語に直しなさい。

《例》 We usually wear jeans.（the CEO）
　《英語》　　The CEO usually wears jeans.
　《日本語》　その CEO はたいていジーンズをはいている。

1. They love every minute on[1] the beach.（she）
　《英語》
　《日本語》

2. We sprinkle[2] salt on everything.（my husband）
　《英語》
　《日本語》

3. They ban[3] smoking in bars and restaurants.（law）
　《英語》
　《日本語》

4. The stores open as usual at 10:30 AM.（the Homemakers Market）
　《英語》
　《日本語》

5. The technical books cost a lot.（the new personal computer）
　《英語》
　《日本語》

> **Notes**　1. love every minute on O「Oを満喫する」 2. sprinkle O「Oを振りかける」
> 3. ban O「Oを禁じる」

Exercises （練習問題）

I 次の1～5の日本文の意味を表すように、（ ）内の英語を並べ替えなさい。ただし、動詞は原形にしてあるので、動詞には《三単現のs》をつけるべきものがあります。

1. その夫婦は毎週末に買い物に来る。
   (together / married couple / shopping / come)
   《英語》The _____ every weekend.

2. その木は冬に葉を落とす。
   (leaves / trees / their / in / drop / winter)
   《英語》The _____ .

3. 彼女は魚のさばき方を知っている。
   (fish / how / know / fillet / to)
   《英語》She _____ .

4. この植物は熱帯の気候では一年中、花をつける。
   (the year / flowers / plant / throughout)
   《英語》This _____ in a tropical climate.

5. 第一幕で、ハムレットは父親の幽霊と遭う。
   (of / meet / his father / Hamlet / the ghost)
   《英語》In Act I, _____ .

II 次の英文を読んで、下記のペアワークやグループワークに取り組みましょう。

People keep animals for various[1] reasons. On a farm or ranch,[2] animals are bought and sold for the profit[3] of the owner. For someone with a disability,[4] a pet may become their eyes or ears. For most people, a pet becomes a member of their family.

Notes 1. various「様々な」 2. ranch「牧場」 3. profit「利益」 4. disability「障害」

Pair/Group Work

ペアまたはグループになって質問をしたり、答えたりしましょう。

1. Do you have any pets at home?
2. If yes, what kind of pet do you have? If no, what kind of pet do you want to have or not want to have?
3. If you have any pets, why do you have them now? If you do not, why don't you have one now?

Unit 5 -es をつける場合

《三単現の s》として、語尾に -es をつける場合

《三単現の s》は普通、work ➡ work**s** のように、原形に -s をつけて、現在形を作ればいいのですが、**-s** / s /, **-x** / ks /, **-sh** / ʃ /, **-ch** / tʃ /, **-ge** / dʒ / などで終わる動詞は、次のように**原形に -es をつけて**現在形を作ります。

kiss（接吻する）➡ kiss**es**　　push（押す）➡ push**es**

次の❶と❷のようなつづりで終わる動詞も、その**語尾に -es をつけて**、現在形を作ります。

❶ 〈子音字*+y〉 ➤ -y を -i に変えて -es をつける。
　study（勉強する）➡ stud**ies**
　　　　　　　　☞〈母音字 +y〉で終わる語には -s をつける。
　　　　　　　　stay（滞在する）➡ stay**s**

❷ 〈子音字 +o〉 ➤ -es をつける。
　go（行く）➡ go**es**　　　　　　do（する）➡ do**es** / dʌz /

* 母音は a, i, u, e, o で表記され、子音はそれ以外の文字で表記されます。

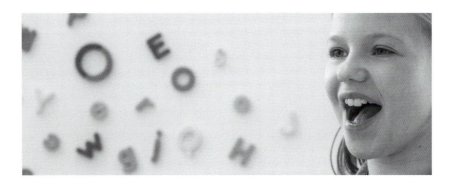

Check! I （確認問題）

I 次の1～10の動詞を《三単現の s》をつけた形にしなさい。

1. wash　　2. try　　3. play　　4. go　　5. catch
6. miss　　7. teach　　8. say　　9. mix　　10. cry

II 次の1～4の日本文の意味を表すように、[ ]内の単語を必要があれば適切な形に変え、英文の（ ）内に補いなさい。

1. 私たちはたいていオンライン上で宿題をします。
   We usually (　　　) our assignments online.　　　[do]

2. 父はテニスのコーチをしてくれる。
   My father (　　　) me in tennis.　　　[coach]

3. 彼らの家々は売りに出されている。
   Their houses (　　　) for sale.　　　[be]

4. クラリッサは目が青い。
   Clarissa (　　　) blue eyes.　　　[have]

■ 特殊な《三単現のs》の活用形

have（持っている）➡ **has** / hæz /

■《三単現のs》と《複数形のs》の区別

人やものなどをそれぞれ区別するために、それらにつけた名前は、別名、**名詞**と呼ばれます。それらの動作や状態を表す言葉は**動詞**と呼ばれます。同じ -(e)s でも、動詞につけるか、名詞につけるかで、その -(e)s の意味合いは変わって来ます。

Check! II （確認問題）

次の1～6の英文中の《三単現のs》や《複数形のs》がついた語に○印をつけ、その語の -(e)s が《三単現のs》と《複数形のs》のうちどちらの -(e)s なのか答えなさい。

1. This website carries luxury watches from Switzerland.
2. He sometimes watches ants carrying food to their nest.
3. As the saying goes, "Time flies."
4. A few flies were flying around me.
5. She often boards a plane in San Francisco.
6. He put boards together and made a bookcase.

■ 《単数形＋ -(e)s》以外の複数形の作り方

英語には、次のような複数形の作り方をする名詞があります。

不規則変化　　　　　　　　ラテン語系・ギリシャ語系など

- man ➡ men（男）
- woman ➡ women（女）
- ox ➡ oxen（牡牛）
- sheep ➡ sheep（羊）

- datum ➡ data（データ）
- bacterium ➡ bacteria（バクテリア）
- phenomenon ➡ phenomena（現象）
- focus ➡ foci（焦点）

Check! III （確認問題）

次の 1 ～ 4 の日本文の意味を表すように、[ ] 内の単語を適切な形に変え、英文の（ ）内に補いなさい。

1. この女性たちは大いに将来有望である。

= These (　　　) show great promise.　　　　　　　　[woman]

2. バクテリアは小さ過ぎて肉眼では見えない。

= (　　　) are too small to see with the naked eye.　　[bacterium]

3. 牝牛と違って、牡牛は役畜です。

= Unlike cows, (　　　) are working animals.　　　　　[ox]

4. あなたは不慮の損失からデータを守らなければなりません。

= You need to protect (　　　) from accidental loss.　[datum]

Exercises (練習問題)

CD 19 DL 19

I 例にならって、次の 1 〜 5 の英文の下線部分を（　）内の語に替えて全文を書き換えたあと、その英文を日本語に直しなさい。

《例》 We work in a bank. (he)
　《英語》　　**He** work**s** in a bank.
　《日本語》　彼は銀行に勤めています。

1. They have a lot of friends to visit in Kyoto. (she)
　《英語》
　《日本語》

2. These do great damage to the crops. (the rainstorm)
　《英語》
　《日本語》

3. We go shopping for food by bus. (my wife)
　《英語》
　《日本語》

4. You always press the elevator button three times. (John)
　《英語》
　《日本語》

5. The boys try to cook healthy meals. (Mary)
　《英語》
　《日本語》

II 次の英文を読んで、下記のペアワークやグループワークに取り組みましょう。 CD 20 DL 20

Singing is a useful way to relieve[1] stress. If you are too shy to[2] sing, you can whisper a tune and before long[3] you will be singing it. Besides,[4] singing aloud gives you a chance to burn calories.

> **Notes**　1. relieve O「O を解消する」 2. too 〜 to do「とても〜なので…できない」
> 3. before long「まもなく」 4. besides「その上」

Pair/Group Work

ペアまたはグループになって質問をしたり、答えたりしましょう。

1. Do you like *karaoke*?
2. If you go to *karaoke*, do you go there with friends or alone?
3. Can you harmonize with a melody?

Unit 6 動詞の過去形と過去分詞

「～した」を表す**過去形**は、次のように V（動詞）を過去形にすればいい…ただそれだけです。

<u>Jane</u> makes stuffed animals.
　S　　V ↓　　　　　☞ 動詞を過去形に変えます。
<u>Jane</u> made stuffed animals.
　S　過去形

過去形と過去分詞の作り方

動詞の過去形・過去分詞の作り方は、規則活用と不規則活用の二通りがあります。それらは次のように見分けます。すなわち、不規則活用に関しては、**不規則活用動詞の活用表**を通して、過去形と過去分詞をとにかく覚えます。**そこで、覚えていない動詞が規則活用だと判断します。**

さて、過去形・過去分詞の作り方を覚えながら、同時に区別ができるようになってほしいのは、**過去形**は、皆さんが見分けるべき《S（主語）と V（動詞）》の **V（動詞）** だということです。一方、**過去分詞**は、《S（主語）と V（動詞）》の **V（動詞）ではない**ということです。

なお、**be 動詞**は、活用形が少し複雑で、am, is, are, was, were, been, being となるので、ここで一度に覚えてしまいましょう。

Check! I （確認問題）

I 次の 1～10 の動詞に関して、規則活用か不規則活用かを答えなさい。

1. want　　2. begin　　3. say　　4. try　　5. open
6. like　　7. go　　8. show　　9. put　　10. stay

II 例にならって、上の確認問題 1 の不規則活用の動詞の過去形を答えなさい。

《例》　know ➡ （過去形）knew

☆ _____ ➡ （過去形）_____　　☆ _____ ➡ （過去形）_____

☆ _____ ➡ （過去形）_____　　☆ _____ ➡ （過去形）_____

☆ _____ ➡ （過去形）_____

■ 規則活用の動詞

規則活用の動詞は、原形の語尾に -ed をつけて、過去形・過去分詞を作ります。

〔原形〕	〔過去形〕	〔過去分詞〕
walk （歩く）	walk**ed**	walk**ed**

ただし、次のような場合には注意して下さい。

❶ 語尾が **-e で終わる**動詞 ▶ 原形の語尾に **-d だけ**をつける。

　　die （死ぬ）　　di**ed**　　di**ed**

❷ 語尾が〈**子音字*＋y**〉の動詞 ▶ **-y を -i に変えて** -ed をつける。

　　study （勉強する）　　stud**ied**　　stud**ied**

❸ 1つの〈**母音字＋子音字**〉の動詞 ▶ 語尾の**子音字を重ねて** -ed をつける。

　　　　　　　　　　　　　　　　　　　※ stay, play などは例外。

　　stop （止める）　　stop**ped**　　stop**ped**

❹ **-c で終わる**動詞 ▶ **-k を加えて** -ed をつける。

　　panic （慌てふためく）　　panic**ked**　　panic**ked**

* 母音は a, i, u, e, o で表記され、子音はそれ以外の文字で表記されます。

Unit 6　動詞の過去形と過去分詞

Check! II （確認問題）

I 次の 1 〜 10 の動詞の過去形を答えなさい。

1. want
2. stay
3. love
4. try
5. open
6. like
7. cry
8. look
9. work
10. watch

II 次の 1 〜 4 の英文の（　）内の動詞を**過去形**にして、英文を書き換えたあと、その英文を日本語に直しなさい。　CD 21　DL 21

1. This research (study) Chinese food culture.

   《英語》_____

   《日本語》_____

2. I (wear) the soft contact lenses.

   《英語》_____

   《日本語》_____

3. I (fry) chicken last night.

   《英語》_____

   《日本語》_____

4. The weather (break) into squalls.

   《英語》_____

   《日本語》_____

Exercises （練習問題）

I （　）内の語（句）を使って、次の１～５の日本文を英語に直しなさい。

1. その犬は腹を見せた。
   (dog, show)
   《英語》 _____ belly.

2. 壁には絵が一枚かかっていた。
   (hang on, wall)
   《英語》 One picture _____ .

3. 私はハワイに行くのに約１０万円かかった。
   (cost, go to Hawaii)
   《英語》 It _____ 100,000 yen _____ .

4. 門のところには古木が一本立っていた。
   (old, stand, tree)
   《英語》 _____ at the gates.

5. その嵐が交通を麻痺させた。
   (stall, storm, travel)
   《英語》 The _____ .

II 次の英文を読んで、下記のペアワークやグループワークに取り組みましょう。

I major in[1] British literature.[2] I intended to study linguistics[3] when I entered my university. But I got really excited by a drama course. The professor who taught it specializes in[4] British plays and she made them come alive for me. That is why I decided to major in British literature, especially in Shakespeare.

Notes 1. major in O「Oを専攻する」 2. British literature「英文学」 3. linguistics「言語学」 4. specialize in O「Oを専門にする」

Pair/Group Work

ペアまたはグループになって質問をしたり、答えたりしましょう。

1. What is your favorite university class and why?
2. What is your least favorite class and why?
3. Where do you study most often? Do you primarily study alone or in a group?

Unit 7　V（動詞）が２語以上

V（動詞）が一語ではないケース

英文のS（主語）とV（動詞）を分析して行くと、Unit 2 で述べた英文のルールに反して、V（動詞）の部分が１語でない場合があります。すなわち、次の❶～❸の３パターンは、セットで **１つのV（動詞）** と考えるようにして下さい。

❶ 現在完了の《have＋過去分詞》や《has＋過去分詞》

　They have been friends for twenty years.　　〔have been が V（動詞）〕
　 S　　　 V 　　　　　　　　　　　　　　　　〔彼らは２０年来の友人だ〕

　April has left early.　　　　　　　　　　　　〔has left が V（動詞）〕
　　S　　　V 　　　　　　　　　　　　　　　　〔エイプリルは早退してしまった〕

❷ 《be 動詞＋ing 形》や《be 動詞＋過去分詞》

　The dog was running in the park.　　　　　　〔was running が V（動詞）〕
　　　S　　　　V 　　　　　　　　　　　　　　〔その犬は公園の中を走っていた〕

　He was loved by his mother.　　　　　　　　　〔was loved が V（動詞）〕
　 S　　　V 　　　　　　　　　　　　　　　　　〔彼は母親に愛された〕

❸ 《助動詞＋動詞の原形》

　The magazine will be the latest at the store.　〔will be が V（動詞）〕
　　　　S　　　　　V 　　　　　　　　　　　　〔その雑誌が店での最新号だろう〕

　I do not want the DVD.　　　　　　　　　　　〔do … want が V（動詞）〕
　S　　V 　　　　　　　　　　　　　　　　　　〔私はそのDVDは欲しくない〕

Check! I （確認問題）

例にならって、1〜5の英文のS（主語）とV（動詞）を指摘し、日本語に直しなさい。

《例》Maybe <u>you</u> should try some.
　　　　　S　　　　V

《日本語》　　あなたは少し食べてみた方がいいですよ。

1. She was bursting with enthusiasm[1] about traveling next week.

   《日本語》_____

2. For security reasons we cannot create a password for you.

   《日本語》_____

3. The class has just begun this semester.

   《日本語》_____

4. Good fishing can be had in most parts of our lake.

   《日本語》_____

5. You must know a lot for successful shopping online.

   《日本語》_____

 1. burst with enthusiasm「意気込みが違う」

■ 助動詞

英語の助動詞は、動詞の意味を詳しく説明します。例えば、"eat" の「食べる」という意味に対して、"can eat" は「食べられる」という意味になります。

英語の助動詞には、それが含まれる英文の疑問文や否定文の作り方から分類して、次のように will のような使い方をする助動詞と have to のような使い方をする助動詞があります。

■ will 型

I will take this.〔これをもらいます〕

このwill型に入る助動詞に、can, may, could, might, should, would, ought to, have [has]（+ 過去分詞）〔＝現在完了のとき〕があります。

■ have to 型

I have to go now. 〔私はもう行かなければなりません〕

used to+ 動詞の原形（昔は…した）は両者の混合型です。will 型にしろ have to 型にしろ、助動詞を含む疑問文や否定文の作り方は、「Unit 11 疑問文の作り方」や「Unit 13 否定文の作り方」を見ましょう。

Check! II （確認問題）

次の 1〜8 の日本文の意味を表すように、（　）のなかから適切な語（句）を1つ選んで英文を完成させなさい。

1. お願いがあるのですが。
= (Can, Have, Shall) you do me a favor?

2. 明日は日曜だ。だから、今晩は早く寝る必要はない。
= Tomorrow is Sunday. So I don't (have to, ought to, should) go to bed early tonight.

3. 相席でも構いませんか。
= (Will, Don't, Would) you mind sharing the table?

4. 私は昼ご飯を食べたばっかりだ。
= I (has, have, had better) just finished lunch.

5. ぶらぶらしている余裕はないんだ。
= I (can not, can't, can) afford to be idle.

6. メイは子供のころからずっと日記をつけている
= May has (kept, to keep, keeping) a diary since childhood.

7. ティモシーはかつて好きなだけ食べていた。
= Timothy used (for, to, by) eat as much as he wanted.

8. その子は学校に一人で行くことに慣れていません。
= The kid is not (will, can, used) to going to school alone.

Exercises （練習問題） 　CD 25　DL 25

I 例にならって、（　　）内の語を使って、次の 1 ～ 5 の日本文を英語に直しなさい。特に、"speak" の活用に気を付けること。

《例》この国では、グローカル英語が話されています。

（ country, English, glocal, speak ）

《英語》　Glocal English is spoken in this country.

1. あなたは英語が話せますか。

（ English, speak ）

《英語》

2. 私は英語圏へ行きたい。

（ country, English, go, speak, want ）

《英語》

3. 私たちは同じ言語が話せないので、通訳が必要です。

（ and, interpreter, need, not, same, speak, language ）

《英語》

4. 声がしゃがれているときは、話すのを避けた方がいいよ。

（ avoid, hoarse, maybe, should, speak, voice, when ）

《英語》

5. インドで話されている主な言語はヒンディー語です。

（ Hindi, in, India, language, main, speak ）

《英語》

II 次の英文を読んで、下記のペアワークやグループワークに取り組みましょう。　CD 26　DL 26

I think it is advisable[1] to eat regular meals. To maintain your figure[2] and stay fit,[3] however, it is best to eat sugar-free[4] foods and drink sugar-free drinks, especially at night. Needless to say,[5] you should not eat anything two to three hours before bedtime.

Notes 1. advisable「望ましい」 2. figure「スタイル、容姿」 3. stay fit「健康を保つ」
4. sugar-free「糖質ゼロの」 5. needless to say「言うまでもなく」

Pair/Group Work

ペアまたはグループになって質問をしたり、答えたりしましょう。

1. How many meals do you eat a day? Why?
2. Which do you prefer, Western food or Japanese food?
3. At which meal do you eat the most food?

Unit 8 現在完了

現在完了の作り方

現在完了は、次のように動詞の過去分詞に助動詞の have や has をくっつけて作ります。現在完了は、《have ＋過去分詞》か《has ＋過去分詞》という形でのみ、英文の V（動詞）として機能する形なのです。~~Jane eaten a cake.~~ なんて英文は、eaten が過去分詞で、V（動詞）ではないので、作ってはいけません。

$$\left\{\begin{array}{l} \text{have ＋過去分詞} \\ \text{has ＋過去分詞} \end{array}\right\} = 現在完了という V（動詞）の活用形$$

Jane eats a cake.
　S　　V ⬇
Jane has eaten a cake.

✋ V（動詞）を《have ＋過去分詞》か《has ＋過去分詞》の形に変えます。

Check! I （確認問題）

I 次の 1 〜 10 の動詞に関して、規則活用か不規則活用かを答えなさい。

1. want
2. see
3. ask
4. try
5. make
6. have
7. study
8. look
9. stay
10. be

II 例にならって、次の 1 〜 10 の動詞を現在完了にしなさい。

《例》 ☆ know ➡ （現在完了）have known

1. want ➡ （現在完了）_____ 2. see ➡ （現在完了）_____
3. ask ➡ （現在完了）_____ 4. try ➡ （現在完了）_____
5. make ➡ （現在完了）_____ 6. have ➡ （現在完了）_____
7. study ➡ （現在完了）_____ 8. look ➡ （現在完了）_____
9. stay ➡ （現在完了）_____ 10. be ➡ （現在完了）_____

ちなみに、have（＋過去分詞）と has（＋過去分詞）の使い分けは、動詞の have と has と同じ考え方をします。忘れてしまった人は、「Unit 4 三単現の s」を見て、使い分けを復習して下さい。また、過去分詞の作り方が分からない人は、「Unit 6 動詞の過去形と過去分詞」を見て、作り方を復習して下さい。

■ 現在完了の訳し方

❶ 〔継続〕「ずっと…している」

for …「…の間」　　　　　　　　　We have been in Japan **for** ten years.
〔彼らは 10 **年間**ずっと日本に**いる**〕

since …「…からずっと」　　　　　May has kept a diary **since** childhood.
〔メイは子供のころ**からずっと**日記を**つけている**〕

how long「どのくらい」　　　　　**How long** have they been friends?
〔彼らが友達になって**どのくらい**ですか〕

❷ 〔完了〕〔結果〕「…し（てしまっ）た」

just「…したばかりだ」　　　　　　I have **just** finished lunch.
〔私はお昼を済ませ**たばかりだ**〕

already「もう（…した）」　　　　Your username has **already** existed.
〔あなたのユーザー名は**既に**あります〕

yet「もう（…したか）」　　　　　Has she returned the DVD **yet**?
〔彼女は**もう**その DVD を返却しましたか〕

「まだ（…ない）」　　　　　　　　Dad has **not** answered the email **yet**.
〔父さんは**まだ**そのメールに返信していない〕

☞ just は、現在完了では**過去分詞の直前**に置きます。

Unit 8　現在完了

❸〔経験〕「…したこと〔ためし〕がある」

never「一度も…ない」	He has **never** gone to Okinawa.
	〔彼は**一度も**沖縄に行ったことがない〕
ever「これまで」	Have you **ever** worn used clothes?
	〔君は**これまで**古着を着たことがあるか〕
before「前に」	I have worked here **before**.
	〔私は**以前**ここで働いたことがある〕
once「一度」	I have seen rugby **once**.
	〔僕は**一度**ラグビーを見たことがある〕

☞ ever, never は、現在完了では**過去分詞の直前**に置きます。

過去形のV（動詞）は、just, already, yet, ever, before とともに使うと、上の現在完了と同じ意味になります。

Jane **just** *ate* a cake.　　　　〔ジェインはケーキを食べたばかりだ〕

Check! II （確認問題）

次の1〜8の単語は、現在完了とともに使われる場合、継続・経験・完了のうち、どの用法と一緒に使われるでしょうか。例にならって、用法と日本語訳を答えなさい。

《例》always [継続] (いつも)

1. ever　　[　] (　　　　　　)　　2. just　　[　] (　　　　　　)
3. since　[　] (　　　　　　)　　4. for　　　[　] (　　　　　　)
5. yet　　　[　] (　　　　　　)　　6. before　[　] (　　　　　　)
7. already [　] (　　　　　　)　　8. never　[　] (　　　　　　)

Exercises （練習問題） CD 27　DL 27

I 例にならって、（　）内の語句を次の1〜4の英文に加えて、現在完了を使った英文に書き換えたあと、その英文を日本語にしなさい。

《例》I ate *sushi*. (never)

《英語》　　I have never eaten *sushi*.

《日本語》　私はこれまで一度も寿司を食べたことがない。

1. The Olympics are around.[1] (for 3000 years)

《英語》_____

《日本語》_____

2. I cooked fish before. (never)

《英語》_____

《日本語》_____

3. Ann is sick. (since stopping the medicine)

《英語》_____

《日本語》_____

4. Cancer cells[2] spread to other parts of the body. (already)

《英語》_____

《日本語》_____

> **Notes**　1. be around for ○「誕生して○になる」 2. cancer cell「癌細胞」

II 次の英文を読んで、下記のペアワークやグループワークに取り組みましょう。 CD 28　DL 28

> Computers have come to seriously influence the way[1] people live. E-mail and other SNS applications are now the primary means[2] of communication in much of the world. While this is certainly one form of socialization,[3] it seems to[4] be replacing social interaction in person.[5] As a result, more and more people lack[6] the social skills and values that are essential to their integration[7] into a group or community.

> **Notes**　1. the way SV「Sの…し方」 2. means「手段」 3. socialization「社会化」 4. seem to be …「…であるようだ」 5. social interaction in person「人と直接、触れ合うこと」 6. lack ○「○を欠く」 7. integration「溶け込むこと」

Pair/Group Work

ペアまたはグループになって質問をしたり、答えたりしましょう。

1. Do you know how to use computers?

2. What kind of computer do you use?

3. Do you know that the PC is different from the MAC?

Unit 8　現在完了

Unit 9

進行形

ing 形の作り方

ing 形は、たいてい、talk ➡ talking のように動詞の**原形の語尾に -ing** をつけて作ります。
ただし、次のような ing 形の特殊な作り方を覚えましょう。

❶ **-e で終わる動詞** ➤ 語尾の **-e を取り除いて** -ing をつける。

　　　ride　（〜に乗る）➡ rid**ing**　　　　　become　（〜になる）➡ becom**ing**

　【例外】　die ➡ d**y***ing*　　　　dye ➡ dye*ing*　　　　be ➡ be*ing*
　　　　　　lie ➡ l**y***ing*　　　　see ➡ see*ing*

❷ **1つの〈母音字＋子音字＊〉で終わる動詞** ➤ 語尾の**子音字を重ねて** -ing をつける。

　　　sit　（座る）➡ sit**ting**　　　　　put　（〜を置く）➡ put**ting**

　【例外】　・play のようなつづりが y で終わる動詞：play ➡ play*ing*
　　　　　　・know のようなつづりが w で終わる動詞：know ➡ know*ing*
　　　　　　・1つの〈母音字＋子音字〉の部分に強勢がない場合：
　　　　　　　　　　　　　　　　　　vísit ➡ visit*ing*　　énter ➡ enter*ing*

＊母音は a, i, u, e, o で表記され、子音はそれ以外の文字で表記されます。

❸ **-c で終わる動詞** ➤ **-k を加えて** -ing をつける。
　　　panic　（慌てふためく）➡ panic**king**

Check! I （確認問題）

次の 1 〜 10 の動詞を ing 形にしなさい。

1. put　　2. try　　3. make　　4. go　　5. open

6. study　　7. show　　8. lie　　9. be　　10. see

■ 進行形の作り方

V（動詞）の進行形は、V（動詞）を《be 動詞 +ing 形》の組み合わせに変えて作ります。~~Mike reading a book.~~ のように、よく ing 形だけを V（動詞）として使おうとする人がいますが、ing 形だけでは、V（動詞）になりませんよ。

Mike reads a book.
　S　　 V ⬇　　　　✋ ~~Mike reading a book.~~ は英文ではない！
Mike is read**ing** a book.
　S　 be + ing 形

■ 進行形の訳し方

進行形の「進行中」という概念が「いつ」進行中なのかは、《be 動詞 +ing 形》の中の be 動詞を次の❶〜❹のように活用することによって表します。

❶ be 動詞が **is, am, are** の場合 ………………………………………〔**現在**進行形〕

「…している（ところだ）」「…する（時と場所が決まっている）」

Sue *is* making a cake.　　　　　　　スーはケーキを作っ**ている**。

❷ be 動詞が **was, were** の場合 ………………………………………〔**過去**進行形〕

「…していた」

Sue *was* making a cake.　　　　　　　スーはケーキを作っ**ていた**。

❸ be 動詞が **will be** の場合 ………………………………………〔**未来**進行形〕

「…する（ことになっている）」「…しているだろう」

Sue *will be* making a cake.　　　　　　スーはケーキを作る**だろう**。

❹ be 動詞が **have been, has been** の場合 ………………………〔**現在完了**進行形〕

「**ずっと**…している」「**ずっと**…していた」

Sue *has been* making a cake.　　　　　スーはケーキを**ずっと**作っている。

Check! II （確認問題）

( ) 内の指示に従って、次の1〜4の英文の下線部分を書き換えたあと、その英文を日本語にしなさい。

1. My father <u>cuts</u> his nails now.（現在進行形に）

《英語》_____

《日本語》_____

2. Rumors <u>flew</u> about their marriage.（過去進行形に）

《英語》_____

《日本語》_____

3. The building <u>will near</u> completion.（未来進行形に）

《英語》_____

《日本語》_____

4. Fred <u>practices</u> acupuncture[1] since 2014.（現在完了進行形に）

《英語》_____

《日本語》_____

> **Notes** 1. practice acupuncture「鍼灸業を営む」

Exercises （練習問題）

CD 30　DL 30

Unit 9 進行形

I 例にならって、（　）内の語（句）を使って、次の1〜4の日本文を英語に直しなさい。

《例》彼は1時間ずっとジョギングをしている。

(for, hour, jog)

《英語》　　He has been jogging for an hour.

1. 私は今、図書館で本を読んでいるところです。

(book, library, now, read)

《英語》

2. 彼女はいつも仕事の愚痴ばっかり言っています。

(always, complain about, job)

《英語》

3. 彼はその時、食事中でしょう。

(eat, meal, then)

《英語》

4. 店長が厨房で魚のはらわたを抜いていた。

(cleaning, fish, kitchen, manager)

《英語》

II 次の英文を読んで、下記のペアワークやグループワークに取り組みましょう。　CD 31　DL 31

> Many scientists suggest that global warming is responsible for the extreme[1] weather we have witnessed[2] in recent years. With the melting[3] of ice around the North and South Poles[4] the sea has risen and is threatening the very existence of many island and coastal[5] populations. Despite[6] this evidence,[7] some individuals believe that global warming is a myth and that there is nothing to fear. What do you think? Have you experienced any extreme weather in your own lifetime?

Notes 1. extreme「極端な」 2. witness ○「○を目撃する」 3. melting「溶けること」
4. North and South Poles「北極と南極」 5. coastal「沿岸の」
6. despite ○「○にもかかわらず」 7. evidence「証拠」

Pair/Group Work

ペアまたはグループになって質問をしたり、答えたりしましょう。

1. What is the weather like in your city today?
2. Do you think that weather affects your personality? If yes, how? If no, why not?
3. What weather do you like best?

Unit 10 未来形

未来形の作り方
未来形は、V（動詞）を《**will ＋動詞の原形**》という組み合わせにして作ります。

Jane makes a cake.
　S　　V
　　　　　　　☞ 動詞を《will+ 動詞の原形》の形に変える。
Jane will make a cake.
　S　 will+ 動詞の原形

未来形の訳し方
《will+ 動詞の原形》は、S（主語）が一人称（I）のときは❶、S（主語）が二人称 (you)・三人称のときは❷で日本語に直しましょう。

❶ 「…することにする」「…しよう」
　 I **will** try some.《主語の意志》

❷ 「…する（だろう）」
　 She **will** love me.《未来予想》

Check! I （確認問題）

次の 1 ～ 4 の日本文の意味をあらわすように（　　　）内の英語を並べ替えなさい。ただし、I と固有名詞を除いて文頭に来る語の語頭も小文字にしてあります。

1. ハレー彗星は 2061 年に戻って来ます。
　（ in / will / Halley's / come / Comet / 2061 / back ）
　《英語》

2. それを全部書き直して下さい。
　（ you / again / over / write / it all / will / need to ）
　《英語》

3. 私が当市の名所をご案内しましょう。
　（ you / I / the sights of / show / our city / will ）
　《英語》

4. 今後は、スーは大学に行くために、夜働くだろう。
　（ to go to / Sue / from now on / work / will / college / nights ）
　《英語》

ところで、日本語の動詞の終止形「～する」は、英語の現在形と未来形との両方に相当するので、日本語訳をする時には注意が必要です。

A good education **costs** money.

〔いい教育には、金がかかる（ものだ）〕

A good education **will cost** money.

〔いい教育を受けようと思えば、金がかかる（だろう）〕

■ S（主語）が you や we のときの慣用的な表現

次の表現に関しては、前ページの説明を無視して、まずは丸暗記して下さい。

❶ **Will you** ＋ **動作**動詞の原形…？「（あなたが）…してくれないか」

　Will you come with me?　　　　〔一緒に来てくれないか〕

❷ **We will** ＋ 動詞の原形…．「（私たちが）…しよう」

　We will go golfing.　　　　〔ゴルフに行こう〕

■ 未来を表すその他の表現

❶　**be going to** ＋ 動詞の原形「…するつもりだ」「…しそうだ」

　Paul *is going* to move here.　　　〔ポールはここに引っ越すつもりだ〕

❷ **will be *do*ing**「…する（ことになっている）」☝ 単純な未来を表します。

　Will you *be seeing* her next week?　〔来週、彼女に会いますか〕

❸ **be *do*ing**「…する（時と場所が決まっている）」☝ 現在進行形で使います。

　I *am going* to a dentist tonight.　　〔今夜、歯医者に行きます〕

❹ **現在形**「…する」☝ 電車やバスの運行時刻などに使います。

　The airport train *runs* every hour.　〔空港行きの列車は１時間置きにある〕

Check! II （確認問題）

次の1～5の日本文の意味を表すように、必要があれば適切な形にして、英文の（　）に will や未来を表すその他の表現を補いなさい。

1. 和平交渉は成功しそうです。
   = The peace talks (　　) (　　) (　　) succeed.

2. 私はリボ払いにすることにする。
   = I (　　) pay with revolving credit.

3. 仕事が終わったら、今夜一杯飲みに行こう。
   = We (　　) go for a drink after work tonight.

4. 「手を貸してくれないか」「いいとも」
   = "(　　) you lend me a hand?" "Sure."

5. 帰りにマクドナルドの前を通りますか
   = (　　) you (　　) passing a McDonalds on your way home?

Exercises （練習問題）

I 例にならって、（　）内の語（句）を使って、次の1～4の日本文を英語に直しなさい。

《例》 彼は銀行に勤めるでしょう。(bank, in, work)
《英語》　　He will work in a bank.

1. 彼はその飛行機に乗るつもりです。(board, going to, plane)
《英語》

2. お冷やをもらえませんか。(bring, some cold water)
《英語》

3. 私たちは図書館をフルに活用しよう。(library, make the best use of)
《英語》

4. 空港行きの列車は30分置きにある。(airport train, every, run)
《英語》

II 次の英文を読んで、下記のペアワークやグループワークに取り組みましょう。

With regard to[1] dreams for the future, you can choose one of two options:
- **Follow a template for living.**[2] Go to school, get a college education, find a so-called[3] good job, get married, save for retirement[4] and grow old and die.
- **Live your dreams.** You can march to a different drummer,[5] wake up excited and live on your own terms.[6] Of course, in the end, you will also grow old and die.

Certainly playing it safe[7] is an option, but that's not a life, that's just existing. Because I want to live on my own terms, I will not let the fear of failing dictate[8] my life.

Notes 1. with regard to O「Oに関しては」 2. template for living「レールの上を歩く人生」 3. so-called「いわゆる」 4. retirement「引退、定年」 5. march to a different drummer「人とは異なる考え方をする」 6. live on *one's* own terms「思うがままに生きる」 7. play it safe「危険を冒さない」 8. dictate O「Oに影響する」

Pair/Group Work

ペアまたはグループになって質問をしたり、答えたりしましょう。

1. What is your dream? Why do you have it?
2. How long have you had that dream?
3. To realize your dream, what are you doing now?

Unit 11 疑問文の作り方

疑問文を作る準備

英文の疑問文は次のような手順で作ります。まず、平叙文の英文の《S（主語）＋V（動詞）》を分析後、動詞部分に**助動詞・be 動詞・一般動詞**のうち、**どれが使われているか**で、また、**どれが一番前に使われているか**で、動詞部分のグループ分けをします。そして、一番前にある構成要素にしたがって、❶か❷へ進んで、疑問文を作って下さい。

> 助動詞・be 動詞 ➡ ❶ へ
> 一般動詞 ➡ ❷ へ

Check! I （確認問題）

次の 1〜5 の英文で、助動詞・be 動詞・一般動詞のうち、一番前に来ている V（動詞）の構成要素は何でしょう。例にならって答えなさい。

《例》She can speak a little English.　　　　　[　助動詞　]

1. They had a race to the end of the beach.　　[　　　　]
2. She is making sandwiches for dinner tonight.　[　　　　]
3. Tony will study for the test.　　　　　　　　[　　　　]
4. We have met somewhere before.　　　　　　　[　　　　]
5. I needed a reminder closer to the time.　　　　[　　　　]

例えば、You can swim here. なら、you can swim が **S（主語）＋V（動詞）** で、動詞部分 can swim の構成は《助動詞＋一般動詞》です。そして、一番前にある構成要素が**助動詞**ですから、❶へ進みます。以下、自分で分析しながら、❶か❷へ進んで下さい。

❶ be 動詞や助動詞 * の場合

be 動詞だけの場合は、be 動詞を S（＝主語や主部）**の前**に置いて、文尾に **?** をつけます。助動詞がある場合は、その助動詞を S（＝主語や主部）**の前**に置いて、文尾に **?** をつけます。

  He **is** a doctor. ➡ **Is** he a doctor?

  She **will** be there. ➡ **Will** she be there?

  This man **has** got some money. ➡ **Has** this man got any money?

* ここで言う**助動詞**とは、can, will, may, could, would, should, 現在完了《have ＋過去分詞》や《has ＋過去分詞》の have や has などのこと。

❷ 一般動詞の場合

Do, Does, Did を S（＝主語や主部）**の前**に置き、V（動詞）を**原形**にし、文尾に **?** をつけて疑問文を作ります。

$$\left\{\begin{array}{l}\text{Do}\\\text{Does}\\\text{Did}\end{array}\right\} \text{S ＋動詞の原形…？}$$

Do, Does, Did の使い分けは、次のように元の V（動詞）が現在形か過去形か、または元の V（動詞）に《三単現の s》が付いているかどうかで決めます。

  元の V（動詞）が**現在形** ＝ Do を使う

   You **have** a car. ➡ **Do** you have a car?

  元の V（動詞）に**三単現の s** がついている ＝ Does を使う

   Mike ride**s** the bus. ➡ **Does** Mike ride the bus?

  元の V（動詞）が**過去形** ＝ Did を使う

   That nurse **wrote** a letter. ➡ **Did** that nurse write a letter?

☝ V（動詞）のところに **have to** が使われている場合は、Do, Does, Did を S（＝主語や主部）**の前**に置き、have to を**原形**にし、文尾に **?** をつけて疑問文を作ります。

$$\left\{\begin{array}{l}\text{Do}\\\text{Does}\\\text{Did}\end{array}\right\} \text{S have to ＋動詞の原形…？}$$

Check! II （確認問題）

I 次の1〜8のV（動詞）は、疑問文を作るとき、Do, Does, Did のうち、どれと一緒に使われることになるでしょう。例にならって答えなさい。

《例》came [Did]

1. say [　　]　2. showed [　　]　3. want [　　]　4. meant [　　]

5. puts [　　]　6. went [　　]　7. understood [　　]　8. has [　　]

II 次の1〜3の日本文の意味を表すように、（　）の中から適切なものを1つ選んで英文を完成させなさい。

1. その学生は上海に行かなければなりませんか。

　　=（ Has, Does, Is ）the student have to go to Shanghai?

2. それは問題の解決法を探すのにあなたの役に立ちましたか。

　　=（ Has, Does, Is ）it helped you find solutions to your problems?

3. サリーは夜よく眠れますか。

　　=（ Has, Does, Is ）Sally get a good night's sleep?

Exercises (練習問題)   CD 36   DL 36

I 次の1〜5の英文を疑問文にしたあと、その英文を日本語に直しなさい。

1. You can live in a heavy snow area.
  《英語》
  《日本語》

2. Thousands of jellyfish[1] were floating in the ocean.
  《英語》
  《日本語》

3. Lettuce generally[2] tastes very bad after it has been frozen.
  《英語》
  《日本語》

4. You hated green peppers[3] as a child.[4]
  《英語》
  《日本語》

5. I have to return the books by tomorrow.
  《英語》
  《日本語》

> **Notes** 1. jellyfish「クラゲ」 2. generally「一般的に言って」 3. green pepper「ピーマン」 4. as a child「子供のころ」

II 次の英文を読んで、下記のペアワークやグループワークに取り組みましょう。 CD 37   DL 37

> We respond to[1] colors on a subconscious[2] level. That is why[3] colors are a great tool to manipulate[4] the way[5] we feel. You can find many color charts on the internet and in libraries. They share similar explanations of how[6] specific[7] colors influence our moods.

> **Notes** 1. respond to O「Oに反応する」 2. subconscious「潜在意識の」 3. that is why SV「そんなわけでSは…する」 4. manipulate O「Oを操作する」 5. the way SV「Sの…し方」 6. how SV「Sがどのように…するか」 7. specific「個別具体的な」

Pair/Group Work

ペアまたはグループになって質問をしたり、答えたりしましょう。

1. What is your favorite color? Why?
2. Do you have any item with your favorite color? When do you use it?
3. What color do you think suits you best?

Unit 12 疑問詞を使った疑問文

疑問詞って？
疑問詞とは、日本語で「5W1H」と呼ばれる

　　who（誰が），　　　　what（何），　　　　where（どこで）
　　when（いつ），　　　 why（なぜ），　　　 how（どのように）

など、**問いかけに使う言葉**のことです。

✋ 日本語に訳出しなくて良い関係代名詞や関係副詞と区別しましょう。

疑問詞を使った例文

- who（誰が）　　　*Who* is this, please?
　　　　　　　　　　〔（電話で）どちら様ですか〕
- what（何）　　　　*What* day is it today?
　　　　　　　　　　〔今日は何曜日ですか〕
- which（どちら）　　*Which* picture did he paint?
　　　　　　　　　　〔彼はどちらの絵を描きましたか〕
- where（どこで）　　*Where* do you live?
　　　　　　　　　　〔どこに住んでいますか〕
- when（いつ）　　　*When* does the fall end?
　　　　　　　　　　〔いつ秋は終わりますか〕
- why（なぜ）　　　　*Why* does hair turn gray?
　　　　　　　　　　〔なぜ白髪になるのですか〕
- how（どうやって）　*How* do rainbows form?
　　　　　　　　　　〔どうやって虹は出来るのですか〕
- how much（いくら）　*How much* do you weigh?
　　　　　　　　　　〔体重はどのくらいですか〕
- how long（どのくらい）　*How long* can the dish last?
　　　　　　　　　　〔その料理はどのくらい持ちますか〕

Check! I （確認問題）

例にならって、次の1～5の疑問文の（　）に疑問詞を補いなさい。

《例》(　　　) will you go?　［どこへ］　　　答え：__Where__

1. (　　　) was the child born?　［いつ］　　　答え：_____
2. (　　　) do you have as a pet?　［何を］　　　答え：_____
3. (　　　) time does he go to bed?　［何時に］　　　答え：_____
4. (　　　) did Kate buy the car?　［どこで］　　　答え：_____
5. (　　　) often have you eaten it?　［どのくらい］　　　答え：_____

■ 疑問詞を使った疑問文

「Unit 11 疑問文の作り方」の❶か❷の手順で作った疑問文に、疑問詞をつけることができます。そのとき、**疑問詞は文頭に**置きましょう！

We can swim ... ➡ Can we swim ...? ➡ **When** can we swim?

You want ... ➡ Do you want ...? ➡ **What** do you want?

Check! II （確認問題）　CD 38　DL 38

(　　　)の中に適切な疑問詞を入れて、次の1～6の対話文を完成させたあと、下線部分に日本語を補って、対話文の日本語訳も完成させなさい。

1. "Hi. (　　　) have you been?" "Pretty good, thanks."
「やあ、調子はどうだい？」「ありがとう。_____」

2. "(　　　) did you put the keys?" "On the desk."
「あなたは_____か」「机の上です」

3. "(　　　) time is he expected back?" "Around eleven o'clock."
「彼は_____戻りますか」「_____頃です」

4. "(　　　) do you prefer, an LCC or legacy carrier?" "LCC."
「_____お好きですか」「LCC です」

5. "(　　　) would you like your steak?" "Rare, please."
「ステーキ_____か」「レアで」

6. "(　　　) did he leave early?" "Because he got heatstroke."
「彼は_____早退したのですか」「熱中症に_____」

■ 疑問詞が主語（S）の疑問文

who〔誰が〕, what〔何が〕, which〔どちらが〕がS（主語）になるときは、「Unit 11 疑問文の作り方」の❶と❷で学習した疑問文の作り方をしないで、次のように疑問詞をS（主語）にして、疑問文を作ります。

<u>Michael</u> is going to win.　⇒　**Who** is going to win?
　　S　　　　　　　　　　　　　　　　S

Check! III （確認問題）

次の1〜3の（　）の中に適切な疑問詞を入れて、英文を完成させたあと、下線部分に日本語を補って、対話文の日本語訳も完成させなさい。

1. "(　　　) is in charge of this project?" "Jerry is."

「＿＿＿＿＿＿このプロジェクトの責任者か」「ジェリーです」

2. "(　　　) keeps you fit and healthy?" "Regular exercise."

「＿＿＿＿＿＿あなたを健康でいさせますか」「定期的な運動です」

3. "(　　　) door leads to the outside?" "This one does."

「＿＿＿＿＿＿＿＿＿外へ出られますか」「こちらのドアです」

Exercises （練習問題）

CD 40　DL 40

Unit 12　疑問詞を使った疑問文

I 例にならって、**下線部分が答えとなる疑問文**を作ったあと、それを日本語に直しなさい。

《例》 Jane is looking for the dictionary.
- 《英語》　　　**What** is Jane looking for?
- 《日本語》　　ジェインは何を探していますか

1. The Internet café is just across the street over there.
- 《英語》 _____
- 《日本語》_____

2. This smartphone cost 400 dollars.
- 《英語》 _____
- 《日本語》_____

3. She will be renewing her license next year.
- 《英語》 _____
- 《日本語》_____

4. The team has problems, because it cannot recruit good players.
- 《英語》 _____
- 《日本語》_____

5. Her ex-boyfriend asked Teresa out for a date.
- 《英語》 _____
- 《日本語》_____

II 次の英文を読んで、下記のペアワークやグループワークに取り組みましょう。 CD 41　DL 41

People marry for many different reasons: they marry for love or for money, for a visa or citizenship, or to please their parents. They may even marry because they are lonely or want someone to cook for them. Marriage itself has many forms. Some societies permit[1] polygamy,[2] in which a man can have two or more wives. More and more countries are allowing same-sex[3] marriages as well. In fact, monogamous[4] heterosexual[5] marriages no longer[6] make up[7] the majority of American households.

Notes　1. permit O 「O を許す」 2. polygamy 「一夫多妻制」 3. same-sex 「同性の」 4. monogamous 「一夫一婦制の」 5. heterosexual 「異性間の」 6. no longer 「もはや…ない」 7. make O up 「O を占める」

Pair/Group Work

ペアまたはグループになって質問をしたり、答えたりしましょう。

1. Write questions you want to ask your parents.
2. What do you think your parents would answer?
3. Write questions you were asked recently. What did you answer?

Unit 13 否定文の作り方

否定文を作る準備

英文の否定文は次のような手順で作ります。まず、平叙文の英文の《S（主語）＋V（動詞）》を分析後、動詞部分に**助動詞・be 動詞・一般動詞**のうち、**どれが使われているか**で、また、**どれが一番前に使われているか**で、動詞部分のグループ分けをします。そして、一番前にある構成要素にしたがって、❶か❷へ進んで、否定文を作って下さい。

助動詞・be 動詞 ➡ ❶ へ
一般動詞 ➡ ❷ へ

Check! I （確認問題）

次の 1 ～ 5 の英文で、助動詞・be 動詞・一般動詞のうち、一番前に来ている V（動詞）の構成要素は何でしょう。例にならって答えなさい。

《例》She can speak a little English.　　　　　[助動詞]

1. He has made a poem before.　　　　　　　[　　　]
2. That clock was ten minutes fast.　　　　　　[　　　]
3. The boy will be going to see a movie tomorrow.　[　　　]
4. I wore jeans and a T-shirt to a party.　　　　[　　　]
5. You can get an A in Literature.　　　　　　 [　　　]

例えば、You can swim here. なら、you can swim が **S（主語）＋V（動詞）** で、動詞部分 can swim の構成は《助動詞＋一般動詞》です。そして、一番前にある構成要素が**助動詞**ですから、❶へ進みます。以下、自分で分析しながら、❶か❷へ進んで下さい。

❶ be 動詞や助動詞＊の場合

助動詞か be 動詞の**後に** not を置きますが、一番前にある構成要素の直後に置くことに注意して下さい。

> He **is** a doctor. ➡ He **is not** a doctor.
>
> She **will** be there. ➡ She **will not** be there.
>
> This man **has got** some money. ➡ This man **has not** got any money.

＊ここで言う**助動詞**とは、can, will, may, could, would, should, 現在完了《have ＋ 過去分詞》や《has ＋ 過去分詞》の have や has などのこと。

❷ 一般動詞の場合

S（＝主語や主部）と V（動詞）との間に do not, does not, did not のどれかを置き、V（**動詞**）**を原形**にします。

$$S \begin{Bmatrix} \text{do not} \\ \text{does not} \\ \text{did not} \end{Bmatrix} \text{動詞の原形…．}$$

do not, does not, did not の**使い分け**は、元の V（動詞）が現在形か過去形か、または元の V（動詞）に《三単現の s》が付いているかどうかで決めます。
または元の V（動詞）に《三単現の s》が付いているかどうかで決めます。

元の V（動詞）が**現在形** ＝ do not を使う

> You **have** a car. ➡ You **do not** have a car.

元の V（動詞）に**三単現の s** がついている ＝ does not を使う

> Mike ride**s** the bus. ➡ Mike **does not** ride the bus.

元の V（動詞）が**過去形** ＝ did not を使う

> That nurse **wrote** a letter. ➡ That nurse **did not** write a letter.

✋ V（動詞）のところに have to が使われている場合は、do not, does not, did not を S（＝主語や主部）と have to の**間**に置き、have to を**原形**にして否定文を作ります。

$$S \begin{Bmatrix} \text{do not} \\ \text{does not} \\ \text{did not} \end{Bmatrix} \text{have to ＋ 動詞の原形…．}$$

Check! II （確認問題）

I 次の1〜8のV（動詞）は、否定文を作るとき、do not, does not, did not のうち、どれと一緒に使われることになるでしょう。例にならって答えなさい。

《例》wanted [did not]

1. cuts   [   ]   2. gave   [   ]

3. go   [   ]   4. ran   [   ]

5. took   [   ]   6. supplies   [   ]

7. come   [   ]   8. talked   [   ]

II 次の1〜3の日本文の意味を表すように、（　　）の中から適切なものを1つ選んで英文を完成させなさい。

1. 彼女はまだ私に返事をしてくれません。

　= She (hasn't, doesn't, isn't) given me an answer yet.

2. 彼女は交際をしている時間がありません。

　= She (hasn't, doesn't, isn't) have time for a relationship.

3. 彼女はダイエットを始める必要はありません。

　= She (hasn't, doesn't, isn't) have to start a diet.

Exercises （練習問題）

CD 42　DL 42

I 次の1～5の英文を否定文にしたあと、その英文を日本語に直しなさい。

1. The patient had a rough night.
《英語》_____
《日本語》_____

2. He gets a chance to make new friends.
《英語》_____
《日本語》_____

3. The pollen[1] count in the atmosphere[2] today is very high.
《英語》_____
《日本語》_____

4. They were discussing the problems of Western society.
《英語》_____
《日本語》_____

5. The sketch of the baby kidnapper[3] led to[4] their arrest.
《英語》_____
《日本語》_____

> **Notes** 1. pollen「花粉」 2. atmosphere「大気」 3. kidnapper「誘拐犯」 4. lead to O「Oにつながる」

II 次の英文を読んで、下記のペアワークやグループワークに取り組みましょう。 CD 43　DL 43

> According to[1] *the Oxford English Dictionary*, awe[2] is a feeling of reverential[3] respect mixed with fear or wonder. Awe is a feeling we have for something or someone we believe is above us. If you find someone you feel in awe of, this will help you to understand that the world does not revolve around you.[4]

> **Notes** 1. according to O「Oによれば」 2. awe「畏敬の念」 3. reverential「厳かな」 4. the world revolves around O「世界はOを中心に回っている」

Pair/Group Work

ペアまたはグループになって質問をしたり、答えたりしましょう。

1. What scares you most? Why?
2. Have you experienced a sense of panic at some time in your life?
3. Do you know that Robespierre's name is synonymous with Reign of Terror?

Unit 13　否定文の作り方

Unit 14 間接疑問文

英文のルールと【例外】

ここまで学習を進めて来た皆さんは、すでに英文の《S（主語）＋V（動詞）》の分析の達人と言ってもいいでしょう。そして、「1つの英文には、主語と動詞が1つずつしか入ってはいけない」という英文のルールは熟知していることでしょう。では、このことを前提に、実際は、1つの英文に《S（主語）＋V（動詞）》がどのように2つずつ入るかを、**英文のルールと【例外】**として学習しましょう。

📖 **英文のルール** ＝ 1つの英文にはS（主語）とV（動詞）は1つずつ

【例外】
- ❶ 間接疑問文を使う。
- ② 接続詞を使う。
- ③ 関係代名詞・関係副詞を使う。
- ④ 準動詞（不定詞・ing形・過去分詞）を使う。

実は、英文法の勉強は、その大半がこの**英文のルールと【例外】**の習得に費やされます。現実の英文では、

　Mike studied for the exam, **but** he did not pass the class.
　　〔マイクは試験に向けて勉強したが、単位は取れなかった〕

という形で出てきます。そこで、動詞から見当をつけ始めて、《S（主語）＋V（動詞）》を分析していくと、

　Mike |studied| ... 【　】 he |did| not |pass|
　　S　　V　　　　　　　　S　　V

というふうに1つの英文に2つ以上の《S（主語）とV（動詞）》が入っていることに気づくはずです。そこで、これらを結び付けているのだろうと考えて、上の①～④のなかから【　】に入る解答を見つけ出さなければなりません。それが、取りも直さず、英文の構造、すなわち**意味のかたまりや意味の切れ目**を理解することにつながるからです。

　この**英文のルールと【例外】**の習得のために、このユニットでは、上の4つの例外の1つ、**「間接疑問文を使う」**について、学習します。

■ 平叙文の語順

間接疑問文を作る準備段階として、まず次の英文を疑問文にして下さい。

　　　You have a car.

次には、今作った疑問文を元の文に戻してください。

　できましたか？今の「疑問文を元の文に戻す」を難しく言うと、「平叙文にする」と言います。さらに、間接疑問文を作るときは、疑問文を平叙文にしたあと、文末のピリオドは取り、文頭は小文字にします。この作業を「**平叙文の語順にする**」と言いますが、間接疑問文を作るときの言葉遣いとして覚えて下さい。

■ 間接疑問文の作り方

　　　α）I do not know.　　　β）Is he at home?

❶ 次のようにβの疑問文（＝間接疑問文になる英文）を**平叙文の語順**にします。

　　　　Is he at home? ➡ **he is** at home

❷ βの疑問文に**疑問詞**があるかどうかを確認します。

　・疑問詞がない時　➢　if（＝「…するかどうか」）をβの英文に足す

　・疑問詞がある時　➢　if をβの英文に足さない

　　　　if + he is at home ➡ **if** he is at home

❸ 時制の一致* に注意して、❷で作り直したβの英文を主節の英文（＝αの文）にくっつけます。

　　　　I do not know if he **is** at home.

* 時制の一致とは、時間的な関係性を保つために、主節の動詞が過去形の時などに、従属節の動詞が、例えば、現在形から過去形に、過去形から had＋過去分詞に変化する規則のことです。

Check! （確認問題）

βの文を間接疑問文にして、次の1〜5のαとβの文を1文にしたあと、その英文を日本語に直しなさい。

1. α) I cannot remember.　　β) Where did I buy this cloth?
　《英語》
　《日本語》

2. α) April asked me.　　β) Is he an ideal accountant?
　《英語》
　《日本語》

3. α) Do you know?　　β) What type of restaurant is this?
　《英語》
　《日本語》

4. α) I wonder.　　β) How old is June?
　《英語》
　《日本語》

5. α) She does not know.　　β) Is his father a diligent scientist?
　《英語》
　《日本語》

Exercises （練習問題）

I 次の1～5の日本文の意味を表すように、（　　）内の語（句）を使って、下線部分に適切な英語を補いなさい。

1. 将来私たちに何が待ち受けているかなんて知らなくても大丈夫だ。

(future, hold, what)

《英語》 It's OK not to know _____ .

2. あなたがいつその DVD を返したか覚えていますか。

(remember, when)

《英語》 _____ returned the DVD?

3. その子供たちはカレーにどんな肉が使われるべきか話し合った。

(meat, should, what kind)

《英語》 The children discussed _____ used for curry.

4. 警察署がどこにあるかご存知ですか。

(know, police station, where)

《英語》 Do you happen to _____ ?

5. あなたは歴史上有名な出来事がなぜ起きたか知らなければならない。

(know, must, why)

《英語》 _____ famous events in history took place.

II 次の英文を読んで、下記のペアワークやグループワークに取り組みましょう。

There are at least[1] four kinds of education people should get when they are young: physical education,[2] moral education,[3] intellectual education[4] and nutrition education.[5] Those interested in mental or physical health need to have an understanding of what roles physical activity, exercise[6] and nutrition[7] play. Without them we can neither prevent[8] nor manage disease.

Notes 1. at least「少なくとも」 2. physical education「体育」 3. moral education「徳育」 4. intellectual education「知育」 5. nutrition education「食育」 6. exercise「運動」 7. nutrition「栄養」 8. prevent O「O を予防する」

Pair/Group Work

ペアまたはグループになって質問をしたり、答えたりしましょう。

1. Is there any sport you are good at? If yes, what is it?
2. Do you know what the national sport of your country is? What is it?
3. Do you exercise to keep fit every day?

Unit 15 接続詞

このユニットでは、次の英文のルールと４つの【例外】の１つ、「接続詞を使う」について、学習します。

　　　📖 **英文のルール** ＝ １つの英文にはＳ（主語）とＶ（動詞）は１つずつ

【例外】
① 間接疑問文を使う。
❷ 接続詞を使う。
③ 関係代名詞・関係副詞を使う。
④ 準動詞（不定詞・ing形・過去分詞）を使う。

接続詞には等位接続詞と従位接続詞とがあります。be 動詞と一般動詞の疑問文や否定文の作り方が違うのと同じくらい、使い方がまるで違うので、その２つの区別は非常に重要です。

等位接続詞

等位接続詞は、このテキストでは、**and, or, but, so**（＝だから）の４語のみと覚えます。so を除いて、等位接続詞は、Ｓ（主語）とＳ（主語）や文と文といった具合に文法的に説明のつく対等のものを結び付けます。

　　John was *taking a bath* **and** *listening to a radio.*
　　Would you prefer *a window seat* **or** *an aisle seat*?
　　We *ran to the station* **but** *missed the last train.*
　　You did not wear an overcoat, **so** *you have caught a cold.*

Check! I （確認問題）

例にならって、等位接続詞を使って、次の1～4のαとβの英文を1文にしたあと、その英文を日本語に直しなさい。

《例》 α) John was taking a bath.　　β) John was listening to a radio.
　《英語》　　John was taking a bath and listening to a radio.
　《日本語》　ジョンは風呂に入りながら、ラジオを聴いていた。

1. α) The sheep are eating grass.　　β) The oxen are eating grass.
　《英語》
　《日本語》

2. α) Please tune in to[1] CNN news.　　β) Please tune in to NHK news.
　《英語》
　《日本語》

3. α) He didn't agree to[2] Plan A.　　β) He agreed to Plan B.
　《英語》
　《日本語》

4. α) Kathy did not say much.　　β) I knew she was angry.
　《英語》
　《日本語》

> Notes　1. tune in to O「Oをつける」　2. agree to O「Oに同意する」

■ **従位接続詞**

従位接続詞は、このテキストでは、前ページの４つの等位接続詞以外のすべての接続詞と考えて下さい。（だから、**when, because, that** など無数にあります。）

《S（主語）＋ V（動詞）》は、別名、**節**（せつ）と呼ばれますが、従位接続詞の役割は、この《S（主語）と V（動詞）》と《S（主語）＋ V（動詞）》を、すなわち、**節と節を結ぶ**ことなのです。従位接続詞で結び付けられた２つ以上の節は、次のように**主節**（＝大切な **SV**）と**従属節**（＝付録のSV）に分かれ、さらにそれらの順番を入れ替えても、意味はほぼ同じです。（ただし、例外として、従位接続詞の **that** はこのように使えませんので、注意が必要ですが…。）次の英文では、網掛けの部分が従属節です。

　　　Tom was watching TV when we entered the room.
　　　= When we entered the room, Tom was watching TV.
　　　= Tom, when we entered the room, was watching TV.

皆さんが、よくしてしまうミスの一つに、従位接続詞の性質が分かっておらず、上の英文を日本語にするときに、「トムがテレビを見ていたとき、私たちは部屋に入った」としてしまうことがあげられます。従位接続詞とは、従位接続詞の**直後にある**《S（主語）＋ V（動詞）》と意味のかたまりを作ります。ですから、これを図式化すると、

　　　{ SV… 従位接続詞 SV 〜
　　　　= 従位接続詞 SV 〜, SV…
　　　　= S, 従位接続詞 SV 〜, V…　　✋ ただし、**that SV** は**例外**

となります。ですから、上の英文なら、「私たちが部屋に入ったとき、トムはテレビを見ていた」とならなければなりません。

Check! II （確認問題）

次の１〜５の（　　）の中に、下記の📋**語群**のなかから適切な従位接続詞を**１回ずつ**入れて、英文を完成させ、その英文を日本語に直しなさい。

1. (　　　　　) he looks young, he is over eighty.
   《日本語》＿＿＿＿＿＿＿＿＿＿＿＿＿＿＿＿＿＿＿＿＿＿

2. Paul looks (　　　　　) he has put on weight.
   《日本語》＿＿＿＿＿＿＿＿＿＿＿＿＿＿＿＿＿＿＿＿＿＿

3. (　　　　　) I wake up earlier than usual, I can't get back to sleep.
   《日本語》＿＿＿＿＿＿＿＿＿＿＿＿＿＿＿＿＿＿＿＿＿＿

4. Many years have passed (　　　　　) I last saw her.
   《日本語》＿＿＿＿＿＿＿＿＿＿＿＿＿＿＿＿＿＿＿＿＿＿

5. Christianity already existed (　　　　　) Muhammad was born.
   《日本語》＿＿＿＿＿＿＿＿＿＿＿＿＿＿＿＿＿＿＿＿＿＿

📋 **語群**　when SV　（S が…するとき），　if SV　（S が…するかどうか），
　　　　　though SV　（S が…するけど），　since SV　（S が…してから），
　　　　　before SV　（S が…する前），　like SV　（S が…するように），
　　　　　after SV　（S が…した後），　that SV　（S が…するということ）

Exercises （練習問題）

I 次の1〜5の日本文の意味を表すように、（　）内の語（句）を使って、下線部分に適切な英語を補いなさい。

1. 犬と猫では、どちらがお好きですか。

(cat, dog, prefer)

《英語》 Which do you _____ ?

2. おそらく、ディックは嫌だというだろうが、きいてみる価値はある。

(Dick, say no, will probably)

《英語》 _____ it's worth asking.

3. メイドが花瓶を落としたので、花瓶は粉々に砕けた。

(break into pieces)

《英語》 The maid dropped the vase, _____ .

4. お支払いは現金ですか、カードですか。

(by credit card, in cash)

《英語》 Are you paying _____ ?

5. 彼は中国に住んでいた。しかし、あまり中国語は話せなかった。

(China, live in)

《英語》 _____ not speak Chinese very well.

II 次の英文を読んで、下記のペアワークやグループワークに取り組みましょう。

A part-time job[1] teaches young adults and college students how to balance their priorities[2] at a young age. That is because they earn[3] extra money while having homework to do. It also teaches them how hard it is to make and save money. This will also help them to value[4] the money they earn through hard work.

Notes 1. part-time job「アルバイト」 2. priority「優先事項」 3. earn O「Oを稼ぐ」 4. value O「Oを大切にする」

Pair/Group Work

ペアまたはグループになって質問をしたり、答えたりしましょう。

1. Do you have a part-time job?
2. What part-time job do you have? Where? When?
3. What have you gained from your part-time job?

Unit 16 名詞と代名詞

名詞と人称代名詞

人称代名詞を使うときには、**人称** ⇒ **数** ⇒ **格**の順番で考えて行って、人称代名詞を使いこなせるようになりましょう。

人称代名詞の活用表

	単　数				複　数			
	主格	所有格	目的格		主格	所有格	目的格	
一人称	I	my	me	mine	we	our	us	ours
二人称	you	your	you	yours	you	your	you	yours
三人称	he	his	him	his	they	their	them	theirs
	she	her	her	hers				
	it	its	it					

特に、三人称のとき、人称代名詞の he, she, it, they などは、基本的には、一度出て来た名詞の代わりに使うので、それらが何の代わりに使われているか、しっかり考えましょう。

《例》Dick is poor, but he is honest.
　　　　　　　　　　　　　└── Dick の代わり

また、所有格の一般形は one's です。ですから、辞書に one's とあったら、one's のままで用いないで、上表の所有格のどれかの形に直しましょう。

《例》she ＋ try *one's* level best
　⇒ She tries **her** level best.
　〔彼女はベストを尽くす〕

Check! I （確認問題）

人称代名詞の活用表を参考にしながら、次の 1 〜 10 の名詞を（　）内の指示に従って、人称代名詞に直しなさい。

1. the man（主格）　　2. a house（目的格）　　3. magazines（所有格）

4. flowers（主格）　　5. an American（目的格）　　6. foods（目的格）

7. London（所有格）　　8. two brothers（目的格）　　9. the girl（主格）

10. the car（目的格）

■ 主格・所有格・目的格の見分け方

he, his, him のように形が明らかに違うものは、主格・所有格・目的格のうちの何格なのかすぐに分かります。そうでないものは、日本語に直してから、(代) 名詞の格を見分けましょう。「…は」や「…が」をつけて訳す (代) 名詞は**主格**、「…の」をつけて訳す (代) 名詞は**所有格**、「…を」や「…に」をつけて訳す (代) 名詞は**目的格**です。また、前置詞の後ろにあって、その前置詞と意味のかたまりを作る (代) 名詞は**目的格**だということを知っておくことも便利です。ところで、"want O" と "like O" は、「O が欲しい」や「O が好き」と訳しますが、O は目的格です。

Check! II （確認問題） CD 50　DL 50

次の 1 〜 4 の英文中の重複している名詞を代名詞に換えたあと、その英文を日本語に直しなさい。

1. I bought an ice cream for our son.　Our son was eating the ice cream.
   《英語》
   《日本語》

2. The farmer grows green onions.　Green onions are sold at the market.
   《英語》
   《日本語》

3. There were lots of fish in this lake.　But now the number of fish is smaller.
   《英語》
   《日本語》

4. Milk helps build strong bones.　So I drink milk every day.
   《英語》
   《日本語》

■ 形式主語・形式目的語って？

英語は、長い主部が V（動詞）の前に来たり、SVOC の文型で長い O（目的語）が C（補語）の前に来たりすることを嫌います。そこで、長い主部や O（目的語）を後回しにし、それらの元々の位置に "it" を置きます。この "it" のことを、主部の代わりであれば**形式主語**と、O（目的語）の代わりであれば**形式目的語**と言います。不定詞を形式主語とともに使うのは少し古い英語ですが、まだ次のように見られます。

It is convenient *to get* a dish of vegetarian meal in my places.

〔私の行く先々でベジタリアン用の料理を出してもらえれば好都合だ〕

その他、that 節や間接疑問文や ing 形がこの "it" と一緒に使われます。

Check! III （確認問題）

次の 1〜3 の日本文の意味を表すように、（　）内の英語を並べ替えなさい。ただし、文頭に来る語の語頭も小文字にしてあります。

1. 午後 6 時半に 4 名、予約できますか。

（ to / a reservation / it / possible / is / make / for ）

《英語》.. 4 people at 6:30 p.m.?

2. 彼女は知らない人と会うのをストレスだといつも思った。

(meet / found / to / new / a strain / it)

《英語》She always .... people.

3. テッドがたくさん会社を持っているかどうかはどうでもよい。

(not / it / matter / does / Ted / if / owns)

《英語》.. lots of companies.

Exercises (練習問題)

CD 52　DL 52

I 例にならって、(　)内の語(句)を使って、次の1〜4の日本文を英語に直しなさい。

《例》彼は銀行に勤めています。
(bank, in, work)
《英語》　He works in a bank.

1. その家は、それ自体にガレージがついている。
(garage, have, house, *one's* own)
《英語》

2. ジョージは自分の魂を売った。
(George, sell, soul)
《英語》

3. 彼は彼らにコーヒーを淹れた。
(coffee, make)
《英語》

4. 彼女は駅まで車で彼を迎えに行かなければならない。
(necessary that, pick up, station)
《英語》

II 次の英文を読んで、下記のペアワークやグループワークに取り組みましょう。 CD 53　DL 53

I think it is a good idea to evaluate your Internet or TV news with regard to the following:[1]
- whether it carries[2] the news to serve a common purpose[3] and pursue[4] the interests of its readers or viewers
- whether it reflects[5] your society's beliefs, ideas, religions and rituals
- whether it inspires social harmony[6] and achieves[7] social development[8]

If the journalism around you meets these standards, you can trust that it works well.

Notes 1. the following「次の点」 2. carry O「Oを伝える」 3. common purpose「共通目的」 4. pursue O「Oを追及する」 5. reflect O「Oを反映している」 6. social harmony「社会の調和」 7. achieve O「Oを達成する」 8. social development「社会的発展」

Pair/Group Work

ペアまたはグループになって質問をしたり、答えたりしましょう。

1. Is there any news that has recently impressed you?
2. What was it?
3. Do you know that journalism is the Fourth Estate?

Unit 16　名詞と代名詞

Unit 17 関係代名詞

このユニットでは、次の**英文のルール**と4つの【例外】の1つ、「**関係代名詞を使う**」について、学習します。

📖 **英文のルール = 1つの英文にはS(主語)とV(動詞)は1つずつ**

【例外】
① 間接疑問文を使う。
② 接続詞を使う。
❸ **関係代名詞・関係副詞を使う。**
④ 準動詞（不定詞・ing形・過去分詞）を使う。

関係代名詞を使って、2文を1文にする

そもそも、関係代名詞は、接続詞と代名詞を兼ねるので、関係代名詞を使えば、2つの英文を1文にすることができます。そのやり方は、以下の通りです！

❶ αの文とβの文を日本語に直して、2つの文中の**意味上、同じもの**を探します。
（普通は、αの文中の名詞とそれを受けるβの文中の代名詞です。）

　　　α) **The boy** is very kind.　　β) You like **him** very much.

❷ βの文中の意味上、同じものを、その**格**と**種類**（＝人か人以外か）に注意して、**関係代名詞**に換えます。格と種類については、右表を参照。例文の場合、him は人で目的格です。

	主格	所有格	目的格
人	who	whose	whom
人以外	which	whose	which

　　　　　　　　　　　β) You like ~~him~~ very much.
　　　　　　　　　　　　　　⇩
　whom に換えます　　　β) **whom** you like very much

　　　　　　　　☞ 関係代名詞は文頭に出します

❸ 上の❷で作ったβの文を、αの文中の意味上、同じもの（＝先行詞）の**直後**に置きます。
（☞先行詞の直後とは、boy の後のこと）

　　α) **The boy** ＿＿＿＿ is very kind.
　　　　　　　　└── β) **whom** you like very much
　　上の❷で作ったβの文を挿入すると、
　　α) **The boy** whom you like very much is very kind.
できあがり！

Check! I （確認問題）

次の１〜５の英文の太字の名詞や代名詞は**何格**か。例にならって答えなさい。

《例》She can speak a little **English**.　　　　　　　[　目的格　]

1. The **dog** was running in the park.　　　　　　　[　　　　]

2. I bought a present for **her**.　　　　　　　　　　[　　　　]

3. Paul failed the **test**.　　　　　　　　　　　　　[　　　　]

4. I have met **you** somewhere before.　　　　　　　[　　　　]

5. Their alarm went off at eight o'clock.　　　　　[　　　　]

■ 関係代名詞を使った英文の訳し方

❶ 英文を**元の２文に分けます**。

　　The boy whom you like very much is very kind.

　　➡　α）The boy is very kind.　　β）You like him very much.
　　　　　少年はとても親切だ。　　　　君は彼のことがとても好きだ。

関係代名詞の前にある語（＝**先行詞**）が、関係代名詞に変わっている訳ですから、それを元の形に復活させて、２文に分ければいいのです。例文では、the boy が先行詞ですから、それを２回使って、まずは英文を分けるとよいでしょう。コツは、**関係代名詞の直後**にある《S（主語）＋V（動詞）》を中心とした意味のかたまりを**βの文**にします。

❷ αの文を**文の骨組み**にし、βの文をそれに**付け足します**。βの文は適当に変えて構わないし、また、**βの訳文は先行詞の前**に来ます。

　　α）　　少年はとても親切だ。
　　　　β）君の大好きな　（⇦ 君は彼のことがとても好きだ）
　　α）君の大好きな少年はとても親切だ。

Check! II （確認問題）

関係代名詞 who, whose, whom, which のどれかを使って、次の 1～5 の α と β の英文を 1 文にしたあと、その英文を日本語に直しなさい。

1. α） The items are temporarily out of stock.[1]　β） You ordered them.
《英語》 _____
《日本語》 _____

2. α） A bug came in through the door.　β） It was left open.
《英語》 _____
《日本語》 _____

3. α） We share our lives with someone.　β） We trust and care for[2] them.
《英語》 _____
《日本語》 _____

4. α） The blood keeps the patient[3] alive.　β） The people gave it.
《英語》 _____
《日本語》 _____

5. α） The cat is Max.　β） He is sleeping on the sofa.
《英語》 _____
《日本語》 _____

> Notes　1. out of stock「在庫切れの」 2. care for O「O を大切に思う」
> 3. patient「患者」

Exercises （練習問題）

I 次の1〜6の日本文の意味を表すように、英文の（　）に who, whose, whom, which のなかから適切な関係代名詞を1つ補いなさい。

1. 彼には、パリに住んでいる兄弟なら二人いる。
= He has two brothers (　　　　) live in Paris.

2. 暮らしをその森に依存している人々もいる。
= There are some people (　　　　) livelihood depends on the forest.

3. ナンシーが愛した郵便配達人はその事故で死んだ。
= The mail carrier (　　　　) Nancy loved was killed in the accident.

4. 簡単に買えないその CD をあなたは売るべきではない。
= You shouldn't sell the CD (　　　　) we can't buy easily.

5. 突然、家を出たその少女が、死んで2年になる。
= The girl (　　　　) left home suddenly has been dead for two years.

6. あなたのお気に入りの画家は、私の友人です。
= The artist (　　　　) paintings you like very much is a friend of mine.

II 次の英文を読んで、下記のペアワークやグループワークに取り組みましょう。　CD 55　DL 55

> Presumably fashion reflects[1] our personalities. The clothes we like to wear show who and what we are. Many people wear clothes to try and fit in,[2] some to impress[3] others, and some just wear the clothes they own. Everyone is judged to be casual or conservative,[4] dressed up or sloppy, approachable or distant, freaky[5] or sleazy,[6] trendy or shocking by what they wear, whether they think they are or not.[7] Your clothing is a reflection of who you are one way or another.

Notes　1. reflect O「O を映しだす」 2. fit in「溶け込む」 3. impress O「O に感銘を与える」 4. conservative「保守的な」 5. freaky「気色の悪い」 6. sleazy「がらが悪い」 7. whether … or not「…であろうとなかろうと」

Pair/Group Work

ペアまたはグループになって質問をしたり、答えたりしましょう。

1. What kind of clothes do you usually wear?
2. What is your favorite fashion item right now?
3. What kind of clothes are you wearing today? Are you wearing your favorite fashion item now?

Unit 18 関係副詞

このユニットでは、次の**英文のルール**と4つの【**例外**】の1つ、「**関係副詞を使う**」について、学習します。

📖 **英文のルール** = 1つの英文には **S（主語）** と **V（動詞）** は1つずつ

【例外】
① 間接疑問文を使う。
② 接続詞を使う。
❸ **関係代名詞・関係副詞**を使う。
④ 準動詞（不定詞・ing 形・過去分詞）を使う。

関係副詞を使って、2文を1文にする

英文中の説明したい**名詞**（＝先行詞）が**場所・時・理由**を表す名詞の場合、**関係副詞**で2つの英文を1文にすることができます。そのやり方は、以下の通りです！

❶ Unit 17 の「関係代名詞を使って、2文を1文にする」の❶と❷の作業をします。

α) <u>**The sofa**</u> feels comfortable.　　β) The cat is sleeping on <u>**the sofa**</u>.

⬇

β) **which** the cat is sleeping on

先行詞

❷ 上の❶で作った β の文に前置詞（at, on, in, for など）が残っているので、それを削除したあと、which を関係副詞に換えます。関係副詞は、先行詞（＝α の文中の意味上、同じもの）が**場所**を表すときは **where** を、**時**を表すときは **when** を、**理由**（reason）のときは **why** を使います。

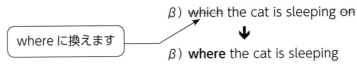

β) ~~which~~ the cat is sleeping ~~on~~

⬇

β) **where** the cat is sleeping

where に換えます

❸ 上の❷で作った β の文を、先行詞の**直後**に置きます。（＝先行詞の直後とは、sofa の後のこと）

α) <u>**The sofa**</u> where the cat is sleeping feels comfortable.

〔その猫が寝ているソファーは手触りが心地よい〕

Check! I （確認問題）

関係副詞を使って、次のαとβの英文を1文にしたあと、その英文を日本語に直しなさい。

1. α) I will go to the home.　　β) They live in the home.
   《英語》_____
   《日本語》_____

2. α) Do you remember the day?　　β) She was born on the day.
   《英語》_____
   《日本語》_____

3. α) Can you explain the reason.　　β) You were late for the reason.
   《英語》_____
   《日本語》_____

■ 関係副詞節＝間接疑問文？

place（＝場所）や time（＝時）のような漠然とした先行詞のとき、それらが省略されて、次のように関係副詞節と間接疑問文とは、形の上で区別がつかなくなります。そこで、文脈から考えて、適切な日本語訳をどちらかから選択するようにしましょう。

❶	the place **where** SV	「Sが…する場所」〔関係副詞節〕
	= **where** SV	「どこでSが…するか」〔間接疑問文〕
❷	the time **when** SV	「Sが…する時」〔関係副詞節〕
	= **when** SV	「いつSが…するか」〔間接疑問文〕
❸	the reason **why** SV	「Sが…する理由」〔関係副詞節〕
	= **why** SV	「なぜSが…するか」〔間接疑問文〕
❹	**how** SV	「Sが…する方法」〔関係副詞節〕
		「どのようにSが…するか」〔間接疑問文〕
	~~the way how SV~~	【まれ】

Check! II （確認問題）

I 次の1〜4の英語を関係副詞節と間接疑問文の2通りの日本語に直しなさい。

1. why Mike has gone to China

《関係副詞節》＿＿＿＿＿＿＿＿＿＿＿＿＿＿＿＿＿＿＿＿＿＿＿＿＿＿＿＿＿＿＿＿

《間接疑問文》＿＿＿＿＿＿＿＿＿＿＿＿＿＿＿＿＿＿＿＿＿＿＿＿＿＿＿＿＿＿＿＿

2. where she was born

《関係副詞節》＿＿＿＿＿＿＿＿＿＿＿＿＿＿＿＿＿＿＿＿＿＿＿＿＿＿＿＿＿＿＿＿

《間接疑問文》＿＿＿＿＿＿＿＿＿＿＿＿＿＿＿＿＿＿＿＿＿＿＿＿＿＿＿＿＿＿＿＿

3. how Peggy knit the sweater

《関係副詞節》＿＿＿＿＿＿＿＿＿＿＿＿＿＿＿＿＿＿＿＿＿＿＿＿＿＿＿＿＿＿＿＿

《間接疑問文》＿＿＿＿＿＿＿＿＿＿＿＿＿＿＿＿＿＿＿＿＿＿＿＿＿＿＿＿＿＿＿＿

4. when they will go fishing

《関係副詞節》＿＿＿＿＿＿＿＿＿＿＿＿＿＿＿＿＿＿＿＿＿＿＿＿＿＿＿＿＿＿＿＿

《間接疑問文》＿＿＿＿＿＿＿＿＿＿＿＿＿＿＿＿＿＿＿＿＿＿＿＿＿＿＿＿＿＿＿＿

II 次の1〜4の英文の（　　）の中に適切な関係副詞を補いなさい。ただし、同じ関係副詞を2度使ってはいけません。

1. My room is the only place （　　　　） I can relax.

2. I'm sick and tired of this job. I wonder （　　　　） other people do it.

3. He taught us the reason （　　　　） cost-push inflation occurs.

4. Christmas is the day （　　　　） Christians celebrate the birth of Christ.

Exercises (練習問題)

CD 57　DL 57

I 次の 1～4 の日本文の意味を表すように、(　　) 内の語（句）と関係副詞を使って、下線部分に適切な英語を補いなさい。

1. あそこが昨日、私がこの財布を見つけた公園です。
(billfold, find, park, yesterday)
《英語》　That is the _____ .

2. あの地震が来た夜は月が出ていなかった。
(come, earthquake, night)
《英語》　The _____ was moonless.

3. 彼が自分の車を売った理由はいくつかある。
(car, reason, sell)
《英語》　There are several _____ .

4. どうやって彼女が売上を伸ばしたかが重要だ。
(improve sales)
《英語》　It counts how _____ .

II 次の英文を読んで、下記のペアワークやグループワークに取り組みましょう。 CD 58　DL 58

Do you know the difference[1] between personality and character? According to[2] the website "What Is the Difference between Personality and Character — Ask.com," personality is the image that you project or how you are perceived[3] by other people, while character refers to[4] your morals. Your character will influence how you react to and act around your peers.[5] It is molded by the environment[6] where you live. So, choosing where you live and who your friends are might just be the first step in character building.

Notes 1. difference「違い」 2. according to O「O によれば」 3. perceive O「O を知覚する」 4. refer to O「O を表す」 5. peer「仲間、同僚」 6. environment「環境」

Pair/Group Work

ペアまたはグループになって質問をしたり、答えたりしましょう。

1. Who do you respect most in your life?
2. How did the person influence you to change?
3. What kind of person do you want to be?

Unit 19 文の主要素 S, V, O, C

文の主要素

英文を読むときは、V（動詞）をまず見つけ出し、次に文中に使われている名詞と代名詞をチェックします。それは名詞や代名詞が、文中で必ず次のような文の主要素（S, O, C）になるからです。

S（= 主語）	He is liberal.
O（= 目的語）	I scolded **Nancy** yesterday.
C（= 補語）	Their mother is a **secretary**.

C（補語）って？

V（動詞）の後ろの（代）名詞が S（主語）を説明している場合、その（代）名詞は C（**補語**）と呼ばれます。

　　　　　Joe is a **doctor**.　　　　　Joe = doctor

"doctor" は、Joe の職業を述べており、S（主語）の Joe を説明していることになるから C（補語）です。

形容詞は C（補語）か M（修飾語）、副詞は M（修飾語）

形容詞と副詞は日本語訳から次のように見分けて下さい。そして、次の関係を頭に入れてください。

	形容詞	副　詞
「〜い」→「〜く」の型	nice（よい）	nice + -ly = nicely（よく）
「〜な」→「〜に」の型	free（自由な）	free + -ly = freely（自由に）
「〜の」→「〜に」の型	natural（自然の）	natural + -ly = naturally（自然に）

　　　　　　　　　　　cf. melancholy, friendly, early, fast, late, etc.

V（動詞）の後ろの形容詞が S（主語）を説明している場合、その形容詞も C（**補語**）と呼ばれます。また、そうでない場合は、形容詞も副詞も M（**修飾語**）になります。

　　　　The dessert was **delicious**.　　　delicious = C（補語）
　　　　I got a **flat** tire.　　　　　　　flat = M（修飾語）
　　　　I can **hardly** keep my eyes open.　hardly = M（修飾語）

Check! I （確認問題）

次の1から5について、a～eの各語とその名詞形の組み合わせが間違っているものを記号に○印をつけて1つ選びなさい。

1. **a.** lose — loose　　**b.** fly — flight　　**c.** honest — honesty
   d. ill — illness　　**e.** short — shortage

2. **a.** strong — strength　　**b.** weigh — wait　　**c.** arrive — arrival
   d. sad — sadness　　**e.** depart — departure

3. **a.** die — death　　**b.** pure — purity　　**c.** angry — anger
   d. know — knowlege　　**e.** important — importance

4. **a.** beautiful — beauty　　**b.** move — movement　　**c.** high — height
   d. live — life　　**e.** true — trine

5. **a.** mean — means　　**b.** healthy — health　　**c.** you — youth
   d. differ — difference　　**e.** miraculous — miracle

■ O（目的語）って？

V（動詞）の後ろの（代）名詞がS（主語）を説明していない場合、その（代）名詞はO（目的語）になります。

　　　　　　He bought new **shoes**.　　　　he ≠ shoes

また、O（目的語）とはV（動詞）の動作の受け手と考えることもできます。

Check! II （確認問題）

次の1～4の英文のO（目的語）やC（補語）の有無に注意しながら、日本語に直しなさい。

1. He was running the hotel.
　《日本語》＿＿＿＿＿＿＿＿＿＿＿＿＿＿＿＿＿＿＿＿＿＿＿＿＿＿＿＿＿＿＿＿＿

2. He was running in the hotel.
　《日本語》＿＿＿＿＿＿＿＿＿＿＿＿＿＿＿＿＿＿＿＿＿＿＿＿＿＿＿＿＿＿＿＿＿

3. My offer still stands.
　《日本語》＿＿＿＿＿＿＿＿＿＿＿＿＿＿＿＿＿＿＿＿＿＿＿＿＿＿＿＿＿＿＿＿＿

4. Stand still while I take your photo.
　《日本語》＿＿＿＿＿＿＿＿＿＿＿＿＿＿＿＿＿＿＿＿＿＿＿＿＿＿＿＿＿＿＿＿＿

■ **動詞の後に（代）名詞が２つある場合**

次のように V（動詞）の後に、(代) 名詞が２つあって、二つ目の (代) 名詞がその前にある (代) 名詞を説明している場合、その (代) 名詞は **C（補語）** になります。

    We call our **dog Fido**.   dog = Fido

一方、後方の (代) 名詞が前方の (代) 名詞を説明していない場合は、それらの (代) 名詞は２つとも O（目的語）になります。

    She buys her **son clothes**.   son ≠ clothes

ちなみに、上の２つ目の (代) 名詞の代わりに来た形容詞も **C（補語）** になります。

    I found her son **patient**.   son = patient

ただし、(代) 名詞が２つ以上続けてあっても、次のような場合は要注意です。

❶ 「〜の…」と和訳できる場合

    a toy **factory**   his **shoes**
    〔おもちゃの工場〕 〔彼の靴〕

最後の名詞しか**文の主要素（S, O, C）**にはならず、残りは M（修飾語）です。

❷ (代) 名詞が 前置詞 の後ろに来ている場合も M（修飾語）です。

    Jude looks young ~~for his age~~.

❸ 関係代名詞が補える場合は、

    This is the best *PC money* can buy.

２つの (代) 名詞を別々の意味の塊の中で考えます。

Check! III （確認問題）

例にならって、次の１〜５の英文に関して、M（修飾語）以外の文の主要素（S, V, O, C）を答えなさい。

《例》 The citizens elected the lady president.
     S   V   O   C

1. The father bought his daughter a new coat.

2. I can't stand the sight of books.

3. The lettuce leaves were turning brown.

4. She kept her past secret from us all.

5. Here comes Paul!

Exercises （練習問題）

CD 59　DL 59

I 例にならって、（　）内の前置詞を使って、次の1〜4を動詞のOが一つの文型の英文に書き換えなさい。

《例》The Prime Minister denied civil servants a pay raise.（to）

《英語》　　The Prime Minister denied a pay raise to civil servants.

1. Can you recommend[1] me a good hotel?（to）

《英語》

2. I will fetch[2] you a hammer.（for）

《英語》

3. Can I ask you personal questions?（of）

《英語》

4. My brain is playing me tricks.[3]（on）

《英語》

> 📝 Notes　1. recommend O「Oを推薦する」　2. fetch「取って来る」　3. *one's* brain is playing ... tricks「思い違いをする」

II 次の英文を読んで、下記のペアワークやグループワークに取り組みましょう。　CD 60　DL 60

> If you live to work, you should know that hobbies can help[1] you achieve[2] a work-life (or school-life) balance. Overwork drains[3] us and the quality of our work may begin to suffer[4] as a result. On the other hand, if you work to live it is important not to spend too much time on hobbies. After all, too much downtime[5] could interfere with[6] your work performance.

> 📝 Notes　1. help O do「Oが…するのに役立つ」　2. achieve O「Oを取る」　3. drain O「Oを疲弊させる」　4. S suffers「Sに響く」　5. downtime「息抜き」　6. interfere with O「Oの邪魔になる」

👥 Pair/Group Work

ペアまたはグループになって質問をしたり、答えたりしましょう。

1. What are your outside interests?

2. Is there any activity for pleasure or relaxation you would like to share with your friends?

3. When did you begin the activity?

Unit 19　文の主要素 S, V, O, C

Unit 20 英語の文型

すでに学習した接続詞や関係代名詞・関係副詞や間接疑問文を使わない限り、英語は、1つの英文に動詞や（代）名詞や形容詞を何個入れられるかが、**文の主要素（S, V, O, C）**という制限のもとに決まっています。リーディングをするにしろ、ライティングをするにしろ、このことを忘れないように、S, V, O, C の次の組み合わせを覚えましょう。

自動詞

SV
　The day breaks. 〔夜が明ける〕

SVC ⇔ S=N
　α. **状態型**「…である」= **be**, stay, remain, lie, etc.
　　Tom is a movie director. 〔トムは映画監督だ〕
　　　S　　　　　　N
　β. **変化型**「…になる」= **become, get, grow**, turn, go, come, etc.
　　She got well. 〔彼女は元気になった〕
　　　S　　C
　γ. **五感型**「人の五感に…な印象を与える」
　　※ C（補語）は**形容詞**が多い。
　　This tea tastes good! 〔このお茶はうまい〕
　　　　S　　　　　C

視覚 look	「…に見える」
聴覚 sound	「…に聞こえる」
触覚 feel	「手触りが…だ」
嗅覚 smell	「…な臭いがする」
味覚 taste	「…な味がする」

他動詞

SVO ⇔ S ≠ N
　They bought new furniture. 〔彼らは新しい家具を買った〕
　　S　　　　　　　N

SVOO ⇔ SVN$_1$ ≠ N$_2$
　She buys her son clothes. 〔彼女は息子に服を買ってやる〕
　　　　　　N$_1$　N$_2$

SVOC ⇔ SVN$_1$=N$_2$
　We call our dog Fido. 〔うちの犬の名はファイドです〕
　　　　　　N$_1$　N$_2$
　　　　　cf. I found the woman kind. 〔その女性が親切だとわかった〕
　　　　　　　　　　　　N　　　C

Check! 1 （確認問題）

I 次の1～5の日本文の意味を表すように、（　）のなかから適切なものを1つ選びなさい。

1. 曲がりくねった道がその熱帯雨林の中を通っていた。

　= The road (wounded, winded, wound) through the rain forest.

2. その由緒ある木が暴風で倒れた。

　= The historic tree was (fall, felled, fell) by a violent storm.

3. 彼女が面接官たちに職歴を偽ったのは明らかだ。

　= Obviously, she (lied, lay, lain) to the interviewers about her career.

4. ジェーンがパソコンに向かっていると、彼女のスマートフォンが鳴った。

　= Jane was (seating, setting, sitting) at the computer when her smartphone beeped.

5. そのテレビCMのモデルたちはスターダムにのし上がった。

　= The TV commercial models (raised, rose, rising) to stardom.

II 次の1～5の英文がどの文型か、例にならって、S, V, O, Cを使って答えなさい。

《例》 We call our dog Fido.　　　　　　　　　　　　〔 SVOC 〕
1. My left eye feels slightly tender to the touch.　　〔　　　〕
2. The man threw some bread into the cage.　　　〔　　　〕
3. I always offer an elderly person my seat on the bus.　〔　　　〕
4. People will talk.　　　　　　　　　　　　　　　〔　　　〕
5. That guy is feeling himself important.　　　　　〔　　　〕

■『英和辞典』と文型表記

ある『英和辞典』では、動詞の使い方を説明にするのに、前ページの五つの文型に加えて、例えば、不定詞であれば **to do** と代表させて表記して、何と何が一緒に使えるのかを示しています。以下同様に、ing 形は **doing** と、過去分詞は **done** と、動詞の原形は **do** と、"that SV" は **that** 節と、間接疑問文は **if** 節と表記して、何と何が一緒に使えるのかを示しています。いくつか具体的に調べて見ましょう。

Check! II （確認問題）

『英和辞典』で 1～3 の動詞を引いて、英文を日本語に直しなさい。

1. "tell" を引いて下さい。

[SVO to do]〈人などが〉O〈人〉に…しなさいと言う , 命じる

He told me to buy a plane ticket to Italy.

《日本語》_____

[SVO (that) 節]〈人〉に…だと話す

He told me that he would buy a plane ticket to Italy.

《日本語》_____

2. "ask" を引いて下さい。

[SV (O₁) wh 節・句]〈人が〉(〈人〉に) …かを尋ねる

She asked them why they had had a seat in front of him.

《日本語》_____

[SVO to do]〈人が〉O〈人〉に…するように頼む , 誘う

She asked them to have a seat in front of him.

《日本語》_____

3. "wonder" を引いて下さい。

[SV whether 節 / SV if 節]〈人が〉…か（どうか）なと思う

I wonder if he is a student.

《日本語》_____

[SVO (that) 節]〈人が〉…ということに驚く

I wonder that he is a student.

《日本語》_____

Exercises （練習問題）

I 例にならって、（　　）内の語（句）を使って、次の1〜5の日本文を英語に直しなさい。

《例》彼は銀行に勤めています。
（ bank, in, work ）
《英語》　　　He works in a bank.

1. 太陽は東から昇る。
（ east, in, rise, sun ）
《英語》

2. そのクレープはトッピングがついておいしそうに見える。
（ crepe, delicious, look, topping, with ）
《英語》

3. そのジーンズは君にとてもよく似合う。
（ look, jeans, good on ）
《英語》

4. 私は明日その宝石を彼に見せてあげよう。
（ jewel, tomorrow, show ）
《英語》

5. お前のおかげで今週は忙しかった。
（ busy, keep, this week ）
《英語》

II 次の英文を読んで、下記のペアワークやグループワークに取り組みましょう。

I love romantic comedy movies and action comedy movies. For example, *Too Beautiful to Lie*[1] is a South Korean romantic comedy about a naive village pharmacist[2] and a beautiful ex-swindler.[3] *The Mummy*[4] is a 1999 American adventure movie, which sustains[5] widespread[6] popularity and has achieved[7] enormous[8] ticket sales. Both movies are must-sees.[9]

Notes 1. *Too Beautiful to Lie*「彼女を信じないでください」 2. pharmacist「薬剤師」 3. ex-swindler「元詐欺師」 4. *The Mummy*『ハムナプトラ』 5. sustain O「Oを維持する」 6. widespread「幅広い」 7. achieve O「Oを達成する」 8. enormous「ケタ外れの」 9. must-see「必見のもの」

Pair/Group Work

ペアまたはグループになって質問をしたり、答えたりしましょう。

1. Have you seen any movies recently? If yes, what was the title of the movie?
2. Who are the hero and the heroine of the movie?
3. What was the story about?

Unit 21 受動態

英文のルールの【例外】の④「準動詞（不定詞・ing 形・過去分詞）にする」を学習する前に、V（動詞）の能動態と受動態、すなわち「…する」と「…される」を表す英文に関する知識が必要となります。

Check! I （確認問題）

例にならって、次の1〜5の英文のS, V, O, C を指摘し、V（動詞）が能動態か受動態かを答えなさい。

《例》 They asked me many questions.　　　〔　能動態　〕
　　　 S　 V　 O　　　　O

1. This mountain looks gorgeous in this shot.　　〔　　　　〕
2. What can be inscribed on the World Heritage List?　〔　　　　〕
3. Money means everything to her.　　〔　　　　〕
4. Passengers are allowed one item of cabin baggage.　〔　　　　〕
5. Time is pressing every moment.　　〔　　　　〕

■ 受動態＝《be 動詞＋過去分詞》を作る準備

次に、基本的な受動態の作り方をまず復習しましょう。Unit 19 に従って、能動態の英文の**文の主要素（S, V, O など）**を考えてください。

■ 受動態の英文の作り方

❶ 元の英文の O を S（主語）にする。

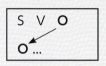

May loves **Jim**. ☞ 代名詞は**主格**に変える。

Jim ...

✋ O は**意味のかたまり**を文頭に出す。

❷ V（動詞）を《**be 動詞の活用形＋過去分詞**》の形に変える。

May **loves** Jim. ☞ be 動詞の**時制**に注意。

Jim **is loved** ...

❸ 元の英文の S を「**by S**」にして、受動態の英文の**一番後ろに置く**。

May loves Jim. ☞ 代名詞は**目的格**に変える。

Jim is loved **by May**.

✋ 一般の人を表す by them, by us, by you は**省略**する。

■ 受動態の訳し方

受動態の《be 動詞＋過去分詞》という形そのものは、「…する」に対して、「**…される**」という**概念**を表します。では、それが「いつ」されるのかは、進行形と同じように、**be 動詞を活用**することによって、次のように表します。

❶ be 動詞が **is, am, are** の場合　　　　　「**…され（てい）る**」

Jim is *loved* by May. 〔ジムはメイに愛されている〕

❷ be 動詞が **was, were** の場合　　　　　「**…され（てい）た**」

Jim *was loved* by May. 〔ジムはメイに愛された〕

❸ be 動詞が **will be** の場合　　　　　　「**…され（てい）る（だろう）**」

Jim *will be loved* by May. 〔ジムはメイに愛されるだろう〕

❹ be 動詞が **have been, has been** の場合　「**ずっと…されている**」

Jim *has been loved* by May. 〔ジムはメイにずっと愛されている〕

Check! II （確認問題）

例にならって、次の英文をS（主語）・V（動詞）・O（目的語）に分けてから、受動態にしたあと、その英文を日本語に直しなさい。

《例》 The <u>students</u> invited <u>her</u> to the party yesterday.
　　　　　S　　　　V　　O

《受動態》　　　She was invited to the party yesterday by the students.
《日本語》　　　彼女は昨日学生たちからそのパーティに招かれた。

1. They sold the house.
　《受動態》
　《日本語》

2. Everyone in the family will love the pretty cat.
　《受動態》
　《日本語》

3. Lightning struck the tree in the park yesterday.
　《受動態》
　《日本語》

4. Peter locks important documents in the safe.
　《受動態》
　《日本語》

5. Rebel soldiers took him prisoner.
　《受動態》
　《日本語》

Exercises （練習問題）

I 次の1〜5の日本文の意味を表すように、（ ）のなかから適切なものを1つ選びなさい。

1. そのマスタードは粉状で売られている。

= The mustard is (sell, sold, selling) in powder form.

2. 酒は米から作られている。

= *Sake* is made (of, from, into) rice.

3. その壁は写真で覆われていた。

= The walls (been, was, were) covered with pictures.

4. 彼は足に重傷を負った。

= He was seriously (winded, wound, wounded) in the leg.

5. その報道は、確たる事実に基づいている。

= The report is (base, based, basing) on hard facts.

II 次の英文を読んで、下記のペアワークやグループワークに取り組みましょう。

Volunteering is a good thing because it teaches young adults valuable[1] lessons about life. For one, it teaches them that charity is an investment.[2] By helping others you also help yourself. Volunteering can also provide young people with an opportunity[3] to acquire[4] practical[5] experience. On the other hand,[6] volunteering can cause more harm than good[7] if the volunteer is not really interested in volunteering.

> **Notes** 1. valuable「貴重な」 2. Charity is an investment.「情けは人の為ならず」 3. opportunity「チャンス」 4. acquire O「Oを得る」 5. practical「実践的な」 6. on the other hand「その一方で」 7. cause more harm than good「有害無益である」

Pair/Group Work

ペアまたはグループになって質問をしたり、答えたりしましょう。

1. Can you tell me what volunteer work you did this year?

2. What led you to do the volunteer work?

3. What do you get your friends to do for others?

Unit 22 ２つの英文と準動詞

準動詞とは、ing 形や過去分詞や不定詞のことですが、このユニットから、次の英文のルールと４つの【例外】の１つ、「準動詞（不定詞・ing 形・過去分詞）を使う」について、学習します。

📖 英文のルール ＝ １つの英文には S（主語）と V（動詞）は１つずつ

【例外】
① 間接疑問文を使う。
② 接続詞を使う。
③ 関係代名詞・関係副詞を使う。
❹ 準動詞（不定詞・ing 形・過去分詞）を使う。

２つの英文と準動詞

準動詞を使えば、次のようにαとβの２文を１文にできます。

　α）It is easy.　　　　　　　β）Kate **finds** a job.

➡ α）It is easy.　　　　　　　β）**for** Kate **to find** a job

➡ It is easy **for** Kate **to find** a job.　〔ケートが仕事を探すのは簡単だ〕

準動詞を使って、βの英文を書き換えるとき、次の点に注意して下さい。

❶ 能動態の V（動詞）は、V（動詞）を **ing 形**か**不定詞**にして準動詞に、受動態の V（動詞）は、**過去分詞**だけにして準動詞にする。

❷ αの英文の S（主語）と準動詞を使って書き換えるβの英文の S（主語）が**違う**場合は、使う準動詞に応じて、**βの英文の S（主語）を残す**。

❸ 否定概念は **not ＋ 準動詞** で表す。

❶と❷に関しては、まずは日本語訳によって次のように使い分けましょう。

■ for (代) 名詞 (N) to 動詞の原形
  「N が…すること」
  「(N が) …するために」 ➡ Unit 23 不定詞
  「(N が) …して」

■ (代) 名詞 (N) to 動詞の原形
  「…すべき N」「…できる N」 ➡ Unit 23 不定詞

■ (代) 名詞 (N) +ing 形
  「…している N」 ➡ Unit 24 形容詞用法の ing 形・過去分詞
  「N が…しているのを」
  「(N が) …したので」
  「(N が) …しながら」
  「そして (N は) …した」

■ (代) 名詞 (N) + 過去分詞
  「…された N」 ➡ Unit 24 形容詞用法の ing 形・過去分詞
  「N が…されるのを」
  「(N が) …されたので」
  「(N が) …されながら」
  「そして (N は) …された」

■ so … that 構文と too … to 構文

いわゆる《so … that 構文》と《too … to 構文》を使って、SV という構造から準動詞を使ったフレーズを作るという考え方に慣れましょう。

 S_1 V so 形容詞〔副詞〕… (that) S_2 cannot 動詞の原形 O
     「S_1 は非常に…なので、(S_2 は) (O を) 〜することができない」
 ⇔ S_1 V too 形容詞〔副詞〕… (for S_2) to 動詞の原形 (O)
     「S_1 は (S_2 が) 〜するには…過ぎる」

全体を日本語に直して、S_1 と S_2 と O を決定してから、次のように S_1 と S_2 と O を処理します。ただし、O はない場合もあります。

{ S_1=S_2 のとき ➡ S_2 を削除する   { S_1=O のとき ➡ O を削除する *
{ S_1 ≠ S_2 のとき ➡ for S_2 にする   { S_1 ≠ O のとき ➡ O を残す

    ✋ for S_2 の S_2 は目的格にします

《例》This stone is so heavy that they cannot move it.
   S_1 V 形容詞 S_2 O

 ⇔ This stone is too heavy for them to move.
    S_1 V 形容詞 S_2

* 実は、too … to 構文では、for S_2 がある場合、S_1=O であっても、"This stone is too heavy for them to move (it)." のように O は残しても削除しても構いません。

Check! （確認問題）

例にならって、too … to 構文を使って、次の 1 ～ 5 の α と β の英文を 1 文にしたあと、それを日本語に直しなさい。

《例》 α）This stone is heavy.　　　β）I cannot move it.
　《英語》　　This stone is too heavy for me to move.
　《日本語》　この石は私が動かすには重過ぎる。

1. α）The movie was long.　　　β）I could not see it in one day.
　《英語》
　《日本語》

2. α）He was tired.　　　β）He could not walk any farther.
　《英語》
　《日本語》

3. α）The girl is young.　　　β）She cannot understand her father's death.
　《英語》
　《日本語》

4. α）Henry is busy.　　　β）He cannot cook supper.
　《英語》
　《日本語》

5. α）The puzzle is difficult.　　　β）You cannot solve it quickly.
　《英語》
　《日本語》

Exercises (練習問題)

I 次の1～5の日本文の意味を表すように、( )のなかから適切なものを1つ選びなさい。

1. 今日は家事があまりにも多すぎて、終わらないよ。

= There is too (many, much, most) housework today for me to catch up on.

2. 彼はもっと分別があっていい歳だ。

= He is (too old enough, enough old to, old enough to) know better.

3. そのピザはとても辛かったので、食べ切れなかった。

= The pizza was too hot and spicy to (eat, eat it, eating it).

4. 彼は理解できるくらいとてもゆっくり話します。

= He speaks slowly enough (to be able to follow, for follow, to follow him).

5. 今日はお客さんが多いから、お昼を食べる時間もない。

= I have had (too, so, very) many visitors today I can't find time for lunch.

II 次の英文を読んで、下記のペアワークやグループワークに取り組みましょう。

Many Western countries did not approve[1] most forms of gambling, including lotteries and sweepstakes,[2] until well after World War II. But starting in the 1960s casinos and lotteries have enjoyed a revival around the world. Governments have run[3] them as a source of revenue[4] rather than raising taxes. In Japan *Lotto 6* and *Numbers* are popular. So you can do something for your country by simply buying a lottery ticket. And if you won, you would acquire[5] immense wealth[6] almost overnight.

Notes 1. approve O「Oを認める」 2. lotteries and sweepstakes「宝くじ」 3. run O「Oを運営する」 4. revenue「歳入」 5. acquire O「Oを得る」 6. immense wealth「巨万の富」

Pair/Group Work

ペアまたはグループになって質問をしたり、答えたりしましょう。

1. Did you know that the government uses gambling to raise revenues?
2. Can you give us examples of government-run gambling?
3. If you bought a lottery ticket and won, what would you do?

Unit 23 不定詞

不定詞の場合：《for O to ＋ 動詞の原形》

このユニットでは、**英文のルール**と４つの【**例外**】の一つ、「**準動詞を使う**」の**不定詞**を使う場合について、学習します。to 不定詞を使って、βの英文を書き換えて、２文を１文にするときは次の点に注意して下さい。

❶ 能動態の V（動詞）から作るときは、V（動詞）を《**to ＋ 動詞の原形**》にする。
❷ αの英文の S（主語）と to 不定詞を使って書き換えるβの英文の S（主語）が**違う**場合は、βの英文の S（主語）に "for" をつけて、それを**残す**。

α) I am waiting.　　　　　　　　β) The traffic light changes to green.
⇒ α) I am waiting.　　　　　　　β) for the traffic light **to change** to green.
　　⇒ I am waiting for the traffic light to change to green.

《(for O) to ＋ 動詞の原形》は、次のように訳すことができます。

❶ 「(O が) …すること」《名詞用法》
　　You will need to buy the textbook.　　〔教科書を買って下さい〕
❷ 「(O が) …するために」《副詞用法》（目的を表す）
　　I went to the airport **to see him off**.　　〔私は彼を見送りに空港に行った〕
　　「(O…が) …して」《副詞用法》（感情の原因を表す）
　　I'm very glad **to meet you**.　　〔お会いできてとても嬉しいです〕

ところで、《for O to ＋ 動詞の原形》が、動詞の O（目的語）として動詞の直後に来るとき、for は省略されることが多いです。

α) I want.　　　　　　　　　　β) You write a report.
⇒ α) I want.　　　　　　　　　β) **for you** to write a report
　　⇒ I want **you** to write a report.　　〔君にレポートを書いてもらいたい〕

Check! I （確認問題）

不定詞を使って、次の1〜5のαとβの英文を1文にしたあと、それを日本語に直しなさい。

1. α) It is easy.　　　　　　　β) You tell me to keep calm.
《英語》_____
《日本語》_____

2. α) Jack studied very hard.　β) He becomes a lawyer.
《英語》_____
《日本語》_____

3. α) I am pleased.　　　　　　β) I hear you have been promoted.
《英語》_____
《日本語》_____

4. α) He wanted.　　　　　　　β) His girlfriend takes a photo of him.
《英語》_____
《日本語》_____

5. α) She always tries.　　　　β) She will sing her best.
《英語》_____
《日本語》_____

■ 形容詞用法の不定詞の作り方の1つ

《名詞 (O) (for S) to + 動詞の原形》という形で、「(S が) …すべき O」、「(S が) …できる O」、「(S が) …するための O」と訳す《形容詞用法》の不定詞は、次のように動詞と O（目的語）をひっくり返すという特殊な作り方をします。

(S+) drink something cold　（動詞と O（目的語）を分析する）
　　　　V　　　 O

➡ something cold + drink　（動詞と O（目的語）をひっくり返す）
　　　　O　　　　　　V

　➡ something cold **to** drink　（動詞の前に不定詞の目印 to を挿入）

Please give me **something** cold **to drink**.
〔何か冷たい飲み物を私に下さい〕

Check! II （確認問題）

I 例にならって、形容詞用法の不定詞句を作ったあと、それを日本語に直しなさい。

《例》 do work

《不定詞句》　　work to do

《日本語》　　するべき仕事

1. read a newspaper

《不定詞句》　_____

《日本語》　_____

2. eat rice tonight

《不定詞句》　_____

《日本語》　_____

3. play with a friend

《不定詞句》　_____

《日本語》　_____

4. park the car in a space

《不定詞句》　_____

《日本語》　_____

II 次の 1 ～ 5 の日本文の意味を表すように、（　）のなかから適切なものを 1 つ選びなさい。

1. 先生にあんな口調で話すなんて、彼は頭がおかしいに違いない。

= He has to be crazy (spoken, speaking, to speak) to his teacher in that tone of voice.

2. 彼はその祝いを身内だけで行いたかった。

= He wanted the celebration (be, to be, but being) a simple family affair.

3. 彼が失業しても、自分以外の誰の責任でもない。

= If he loses his job, he'll only have himself (blame, to blame, at blame).

4. 入力を手伝ってあげようか。

= Would you like me (help, to help, to helping) you type?

5. 恋愛と友情の線引きをするのは難しい。

= It is difficult (define, defined, to define) the border between love and friendship.

Exercises （練習問題）

I 次の1〜5の日本文の意味を表すように、（　）内の語（句）を使って、下線部分に適切な英語を補いなさい。

1. 彼女は給油するためにガソリンスタンドに立ち寄った。
(car, fill up)
《英語》 She stopped _____ at a gas station.

2. 私は日本に私の服を送るための箱を探している。
(clothes, box, Japan, send)
《英語》 I am looking for _____ .

3. 彼はファイナンシャル・プランナーになるために勉強している。
(become, financial, study)
《英語》 He is _____ planner.

4. 彼女は子供に料理を教えることのできる場所を借ります。
(cooking, kids, place, teach)
《英語》 She rents _____ .

5. キャシーは彼に仕事を引き継いでもらいたがっていた。
(business, take over)
《英語》 Cathy wanted _____ .

II 次の英文を読んで、下記のペアワークやグループワークに取り組みましょう。

A good work-life balance enables us to[1] divide[2] our energy between our home and work priorities.[3] It also enables us to reduce[4] stress and anxiety both at work and at home. In an effort to strike an optimum[5] work-life balance, I struggle to[6] find anything like a balance between work and doing something for myself at all.[7] I want to travel to places in Asia to diversify[8] my life. I hope to stay[9] physically and mentally fit. I hope that my life will not always be as busy as it is right now.

Notes 1. enable O to do「Oが…することを可能にする」 2. divide O「Oを分ける」 3. priority「優先事項」 4. reduce O「Oを減らす」 5. optimum「最適な」 6. struggle to do「…しようと努力する」 7. at all「とにかく」 8. diversify O「Oに厚みを持たせる」 9. stay C「Cのままでいる」

Pair/Group Work

ペアまたはグループになって質問をしたり、答えたりしましょう。

1. What are you going to do after graduating? Why?
2. What is the most important thing in your life?
3. Where do you see yourself in ten years' time?

Unit 24 形容詞用法のing形・過去分詞

このユニットでは、次の**英文のルール**と4つの【例外】の1つ、「**準動詞を使う**」のing形や過去分詞を使う場合について、学習します。

📖 **英文のルール** ＝ 1つの英文にはS（主語）とV（動詞）は1つずつ

【例外】
① 間接疑問文を使う。
② 接続詞を使う。
③ 関係代名詞・関係副詞を使う。
❹ 準動詞（不定詞・ing形・過去分詞）を使う。

ing形か過去分詞を使って、2文を1文にする

いつも通り、αとβの英文を2文用意してあります。ing形か過去分詞を使って、βの英文を書き換えて、2文を1文にするときは、準動詞を使って書き換えるβの英文のV（動詞）が、能動態（＝「…する」という意味）か受動態（＝「…される」という意味）かをまず見て下さい。その後、次の場合分けに従って下さい。

能動態のV（動詞）から準動詞を作るときは、V（動詞）を**ing形**だけにする。
　　　　　　　　　　　　➡「ing形を使って、2文を1文にする」へ

受動態のV（動詞）から準動詞を作るときは、V（動詞）を**過去分詞**だけにする。
　　　　　　　　　　　　➡「過去分詞を使って、2文を1文にする」へ

Check! Ⅰ （確認問題）

例にならって、次の1〜5の英文が能動態か受動態かを答えなさい。

《例》They asked me lots of questions. 〔 能動態 〕
1. The pupils were talking during the class. 〔　　　〕
2. The old people will be invited to the party. 〔　　　〕
3. The man stood up all of a sudden. 〔　　　〕
4. The girl was born into a very musical family. 〔　　　〕
5. They can sing very well. 〔　　　〕

■ ing 形を使って、2文を1文にする

❶ αの文とβの文を日本語に直して、2つの文中の**意味上、同じもの**を探します。

（普通は、αの文中の名詞とそれを受けるβの文中の代名詞です。）

α) **The man** is selling books.　　β) **He** stands at the gate.

❷ βの文中の意味上、同じものを削除し、βの文のV（動詞）を **ing 形**にします。

α) **The man** is selling books.　　β) **standing** at the gate.

❸ 上の❷で作ったβの英語を、αの文中の意味上、同じものの**直後**に置きます。

α) **The man standing** at the gate is selling books.

《名詞（N）＋ing 形》という形容詞用法の ing 形を使ったフレーズは、「…**している N**」と訳すことができます。従って、上の例文は、「門のところに**立っている男性**は本を売っている」となります。

■ 過去分詞を使って、2文を1文にする

❶ αの文とβの文を日本語に直して、2つの文中の**意味上、同じもの**を探します。

（大概は、αの文中の名詞とそれを受けるβの文中の代名詞です。）

α) **The cars** are exported to Canada.　　β) **They** are made in this factory.

❷ βの文中の意味上、同じものを削除し、βの文の動詞を**過去分詞**だけにします。

α) **The cars** are exported to Canada.　　β) **made** in this factory.

❸ 上の❷で作ったβの英語を、αの文中の意味上、同じものの**直後**に置きます。

α) **The cars made** in this factory are exported to Canada.

《名詞（N）＋過去分詞》という形容詞用法の準動詞を使ったフレーズは、「…**された N**」と訳すことができます。従って、上の例文は、「この工場で**作られた車**はカナダへ輸出される」となります。

Check! II （確認問題）

例にならって、ing 形か過去分詞を使って、次のαとβの英文を1文にしたあと、それを日本語にしなさい。

《例》 α) The girl is very charming.　　β) She is loved by the family.
　《英語》　　The girl loved by the family is very charming.
　《日本語》　その家族に愛されている少女は、とてもチャーミングだ。

1. α) The boy is my brother.　　β) He is playing the guitar over there.
　《英語》
　《日本語》

2. α) An email was forwarded to me.　β) It was written in Korean.
　《英語》
　《日本語》

3. α) We will buy a camera.　　β) It was made in Japan.
　《英語》
　《日本語》

4. α) The clothes were not mine.　　β) They were piled high on the sofa.
　《英語》
　《日本語》

5. α) There is little milk.　　β) It is left in the refrigerator.
　《英語》
　《日本語》

Exercises (練習問題)

I. 次の1〜8の日本文の意味を表すように、wear を、必要があれば適切な形にして、英文の（　）に補いなさい。

1. その女性はかつてカウボーイ・ハットを被っていた。
   = The woman once (　　　) a cowboy hat.
2. 私は以前2, 3度カウボーイ・ハットを被ったことがある。
   = I have (　　　) a cowboy hat a few times before.
3. そのカウボーイ・ハットは長持ちする。
   = The cowboy hat (　　　) well.
4. 誰がその擦り切れたカウボーイ・ハットを机の上に置いたのか。
   = Who placed the (　　　) cowboy hat on the desk?
5. カウボーイ・ハットを被っているその女性は絵の中の聖人のように見える。
   = The woman (　　　) a cowboy hat looks like a saint in the picture.
6. 父さんがいつも被っていたので、そのカウボーイ・ハットは思い出深い。
   = Always (　　　) by Dad, the cowboy hat has great sentimental value.
7. その男性によって被られていたカウボーイ・ハットはまだ新品同様に見える。
   = The cowboy hat (　　　) by the man still looks in pristine condition.
8. 今でさえ、カウボーイ・ハットは多くのアメリカ人によって被られる。
   = Cowboy hats are (　　　) by many Americans even now.

II. 次の英文を読んで、下記のペアワークやグループワークに取り組みましょう。

Herstory is a recently coined word that reflects an effort to reinterpret[1] "history" in a more female-inclusive[2] manner. The Ancient Greek ιστορία, or *historia*, means "knowledge obtained[3] by inquiry[4]." One critic suggested that *herstory* is an attempt to[5] infuse education with[6] ideology, at the expense of[7] knowledge. The same critic also said that most attempts to make historical studies more female-inclusive are artificial[8] in nature, and an impediment[9] to progress.

Notes 1. reinterpret O「Oを再解釈する」 2. female-inclusive「女性を含めた」 3. obtain O「Oを得る」 4. inquiry「質問」 5. attempt to *do*「…しようという企て」 6. infuse O_1 with O_2「O_1 に O_2 を吹き込む」 7. at the expense of O「Oを犠牲にして」 8. artificial「不自然な」 9. impediment「障害」

Pair/Group Work

ペアまたはグループになって質問をしたり、答えたりしましょう。

1. Can you recommend a fairy tale? Why do you recommend it?
2. Can you tell me who wrote it?
3. What is it about?

JPCA 本書は日本出版著作権協会 (JPCA) が委託管理する著作物です。
日本出版著作権協会 複写（コピー）・複製、その他著作物の利用については、事前に JPCA（電
http://www.jpca.jp.net/ 話 03-3812-9424、e-mail:info@e-jpca.com）の許諾を得て下さい。なお、
無断でコピー・スキャン・デジタル化等の複製をすることは著作権法上
の例外を除き、著作権法違反となります。

Basic Elements for Communication
応用力を養う初級大学英語

2019 年 4 月 10 日　初版第 1 刷発行

著　者　表　正幸

発行者　森　信久
発行所　株式会社　松　柏　社
〒 102-0072　東京都千代田区飯田橋 1-6-1
TEL 03 (3230) 4813（代表）
FAX 03 (3230) 4857
http://www.shohakusha.com
e-mail: info@shohakusha.com

英文校閲　Jeffrey Irish / Richard Carpenter
装　　幀　小島トシノブ（NONdesign）
印刷・製本　中央精版印刷株式会社

略号 = 746

ISBN978-4-88198-746-9

Copyright © 2019 by OMOTE Masayuki

本書を無断で複写・複製することを禁じます。
落丁・乱丁は送料小社負担にてお取り替え致します。